《論台灣及台灣人》

◎吳豐山

【自序】

盡力為台灣

二〇〇四年十月，本人卸任公共電視董事長，二〇〇八年八月出任監察委員。這當中，除了曾有一年四個月出任行政院政務委員之外，足足有兩年六個月的時間沒有日常工作負擔。我利用這些時間，做了大量的資料搜集，進行了深沉的思考，寫就了這本論述。

這本論述之正文，只有一萬五千言，註解和附件卻數倍於此。之所以採用這種寫作方式，目的是希望讓沒有很多閱讀時間的人士可以只精讀正文。還有一個目的，是希望更多人不要因為冗長的閱讀，而對論述焦點失去了掌握；其實，註解正是主文的細述，讀友如果錯過，殊屬可惜。

美麗之島．今昔一脈

某年，本人因為工作上的需要，環島一周，途中走走停停。越過東北角海岸後便看到了三貂角，遙想當年歐洲水手萬里遠航東來，路經台灣島這處突入海洋的岬角，驚嘆歡呼之聲，如今猶可想像。車過蘭陽平原，兩百多年前吳沙率領族人渡海來台，在那一塊平原上開水利、拓荒地，有時候也欺負噶瑪蘭原住民的圖像，如今也不難描繪。進入花東縱谷後，眼見一片賞心悅目的大自然，不禁為同胞至今仍能保有這處開闊的後山而感到欣慰。

從台東西轉，兩個多小時後就進入了嘉南平原，這是我自小熟識的家鄉，也是台灣最早開發的地方。今天的麻豆鎮就是三百多年前鄭家軍屯墾的麻豆社；佳里鎮就是日本第一批軍人接收台灣時遭遇反抗，數百台灣人人頭落地的蕭壠。今天稱為番仔寮的村莊，便是平埔族住居幾十個世紀的地方。灌溉整個平原，使得水稻可以一年兩熟的嘉南大圳，是日本殖民當局的水利建設，主其事者八田與一先生的銅像，還矗立在烏山頭水庫的一片樹林間。

一路往北走，漂亮的高速公路網，讓我頗有身為現代國家子民的驕傲。東望山脈，江山如畫。平原上，建物、工廠已經南北相連，不復六〇年代我搭火車北上求學那時的疏落景象；目之所及，熙熙攘攘，裝滿進出口物品的貨櫃車南北奔馳，一片榮景；只有在經過橋樑時看到底下每一條死亡的河川，才不禁嘆息。

這就是我們的台灣！這就是歲月風霜之後的今日台灣！

每一個人都是光陰的過客，可是台灣的生命無窮。我們享用了祖先奮鬥的成果，道理上，我們必須為台灣後代子孫綢繆；擴而大之，我們享用了人類文明累積的成果，也應該對人類整體有所增益。

台灣是台灣人的台灣，台灣同時也是世界的台灣，然而「世界」、「台灣」和「台灣人」這三個名詞，都有遠比一般社會大眾所瞭解的更繁複內涵。就在本論述寫完最後一個字的時候，政黨再輪替後的新政府已經組成，兩岸政策朝大幅開放的新方向前進。世界上主要國家都肯定兩岸和平互動，台灣內部很多人鼓掌迎接這種兩岸互動新時代的到來，也有很多人對兩岸這種新關係感到無比憂心；肯定也好，鼓掌也好，憂心也好，其實都是因為體察到這個更革又為台灣未來發展增加了新的變數。

同一時間，國際經濟情勢發生激烈變化，做為世界龍頭的美國發生大規模金融危機，波及全球。台灣一因本屬淺碟型經濟，二因台美經濟關係異常密切，便就不免隨之動盪不安，甚至於瀰漫一片憂患。

同胞前路．可寬可窄

台灣的前路誠然牽涉錯綜複雜的因素，國際人士對台灣前途存在各種不同看法。國人同胞由於不同背景、不同意識形態，也各有期待。根據近二十年來各方民調，絕大多數人期望的是「保持現狀」。本人因為不相信天底下有永遠的現狀，所以追尋先民奮鬥的軌跡，探索人類文明發展的原理，進而確信已然由人民當家作主、定期改選國會議員和國家元首、有可觀的國防力量、有完整司法權的今日台灣，應該勇於堅持「兩岸分立、互不隸屬」，應該勇於追求卓越，打拚「小國崛起」；同時認為基於人類和平以及兩岸人民福祉至上，在未來數十年間，兩岸應可經由理性善意協商，激盪智慧，共同尋找出某種彼此得以和平發展而非窮兵黷武、可以共存共榮而非你死我活的兩利雙贏架構。

近年來不管在台灣、在中國、在美國或日本甚至於歐洲，已經有越來越多的人士提出相近的見解，並且逐漸形成一股不可輕估的聲浪。

年華老去，本來應該信仰「沉默是金」。既然難安緘默，而且白紙黑字，那就表示，為了台灣，本人願意虛心接受必然到來的各種批評和指教。

本論述參考引用了國內外很多學人專家研究的成果，本人合當在這裡敬表謝忱。兩位助手張小姐和黃小姐在資料搜集和打字校訂上做了很多協助，遠流出版公司的王榮文董事長樂意刊行，謹併此表達無限感謝的心意。至於序文，沒有央請任何先進撰寫，是因為希望它不沾絲毫色彩，只以最單純的面貌呈現。

論台灣及台灣人

目錄

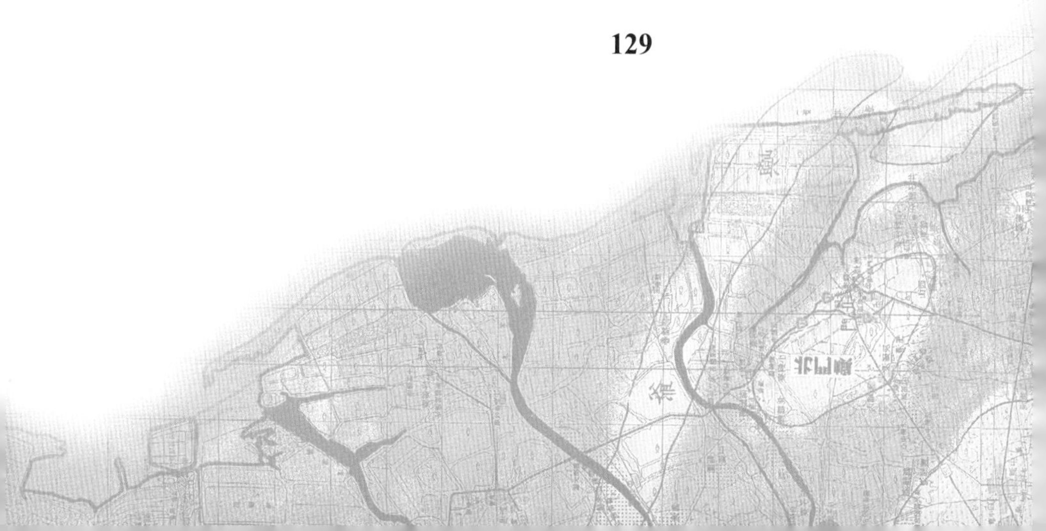

1 人類的故事

凌寅畫作《天佑臺灣》（局部）

根據天體物理學家的研究，宇宙大約在一百五十億年前出現，地球大約在四十五億年前形成❶。人類出現在地球表面，是最後幾百萬年的事。在此之前，地球寂寞地度過了漫長的悠悠歲月❷。

❶關於宇宙的形成，不同的天體物理學家提出各種不同的說法。目前最有共識的說法是「大霹靂理論」（Big Bang），說是大約在一百億到兩百億年前（也有比較精確的說法——一百五十六億年前），由一個密度極大、溫度極高的狀態演變而來，然後各種物質不斷聚合，溫度不斷冷卻，形成以億為計的宇宙銀河系。太陽系是億萬銀河系之一，僅一個太

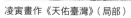

浩瀚宇宙，化生萬物。（取自環華出版《宇宙》）

陽系就有億萬計的星球，地球是太陽系的億萬個星球之一。地球形成時間大約在四十五億年前。

在人類歷史上的大部分時間，對於宇宙的形成原因，茫然無知。天體物理學在上一個世紀才開始有可觀成績。目前，對於「大霹靂理論」，有一些科學家正在找尋取代，也許新理論會推翻舊理論，也許宇宙學永無終極定論，不過「大霹靂理論」發現以來一直符合當今人們所知的物理定律。

倒是在宗教領域，早就各有其宇宙解說，佛教有「三千大千世界」。基督教有上帝創世、諾亞方舟。

最奇妙的是一千四百年前的《可蘭經》的宇宙經文，被發現與「大霹靂理論」極為相似。

本論述非以宇宙的起始、地球的形成和宗教的辯證為論述重點，只是為了標示時間的長河以及人類命運的同異，所以簡單觸及。各方讀者如果有興趣，可以自行進入那片浩瀚精彩的知識海洋。

❷ 荷蘭裔美國歷史學家房龍（Hendrik W.Van Loon）著有《人類的故事》（*The Story Of Mankind*）一書，房龍在卷首對宇宙歲月有一段描寫文字，說：在北方一個管叫斯福茲佛德地方的高地有一座岩石。這座岩石高一百哩、寬一百哩。一隻小鳥每隔一千年就會飛到此地來琢磨一下牠的鳥喙，待這座岩石就這般逐漸被啄光的時候，永恆的歲月便又

消逝「一天」了。

《人類的故事》一書，書店有很多種版本，本人大約四十年前閱讀，但原書已遍尋不著。現在手上的版本是一九九三年台北志文出版社的版本。這個版本是房龍寫了序言至第六十四章，先於一九二一年問世。他的哲嗣傑拉德．威廉．房龍（Gerard Willem VanLoon）於一九五一年寫了第六十五至第七十一章。至於第七十二章至第七十六章則由美國耶魯大學歷史教授約翰．梅里曼博士（Dr. John Merriman）補全到包括越戰、二十世紀六〇年代的動亂、太空探險、第三世界崛起以及科學、醫學的驚人發展。

根據考古學家研究，台灣的人類活動足跡，最早是二、三萬年前的「左鎮人」，他們是與世界其他地區一樣的現代人種。大約一萬五千年前，台灣東海岸住著一群舊石器時代的人類，他們被考古學家稱為「長濱文化人」❸。

❸根據公共電視製作的《打拚——台灣人民的歷史》紀錄片之整理：

- 人類大約在二百五十萬年前進入舊石器時代，開始使用打製石器。
- 約四十萬年前，中國「北京猿人」生活在北京周口店地區。

● 大約三萬至兩萬年前，台灣島上已有人類居住，證據是台南縣出土的「左鎮人」頭蓋骨化石。

● 約五千至五萬年前，台灣東部的長濱文化人，利用礫石砍伐器和石片器做為工具。中國「山頂洞人」生活時代在大約一萬一千至一萬八千年前。

● 大約五千至七千年前，「大坌坑文化」廣泛分佈台灣全島各地，開始進入山田燒墾的原始農耕生活，並徒手製作粗繩紋陶器，陶器頸部以下有粗繩紋壓印裝飾。這是人類新石器時代的共同特徵。

● 大約二千五百年至四千五百年進入新石器時代中期「圓山文化」時代，農業已是主要維生技術，狩獵和漁撈為輔。「圓山文化」代表性的「貝塚」遺址，是人類所堆積，是生活廢棄物，也是死者遺骸的埋葬處。

● 大約二千到五千年前，新石器時代進入中晚期，「細繩紋陶文化」的特徵是以夾沙和細質的紅陶為主，徒手成型，但經過轉盤整理。分佈範圍包括台中縣清水鎮牛罵頭文化、台南縣仁德鄉牛稠子文化、高雄縣林園鄉鳳鼻頭文化等。

● 大約二千到三千五百年前，進入新石器文化晚期。台東卑南平原上的「卑南文

日本人類考古學家鳥居龍藏與原住民。（遠流資料室）

化」，以石板棺室內葬以及聚落模式最為突出。代表性器物為人獸形玉玦，這種類型的器物也在宜蘭丸山遺址、台北圓山遺址等地發現。考古學家研判，當時台灣島上居民已有相互頻繁接觸。

- 大約二千五百年前以後，台灣進入「鐵器石代」。台灣的鐵器時代金石併用，特色為煉鐵技術的發展及鐵器使用。包括十三行文化、番仔園文化、大邱園文化、蔦松文化、靜浦文化等皆是。

位在台北八里的十三行博物館，重現台灣鐵器石代的代表文化之一：十三行文化。
（丁榮生攝影）

《打拚——台灣人民的歷史》是公共電視於二〇〇二年起花費四年時間製作的一部八集紀錄片，本註解引用的是公共電視委由玉山出版社出版的同內容專書。

《打拚——台灣人民的歷史》製作委員會的成員是曹永和、張炎憲、溫振華、戴寶村、吳密察、翁佳音、李筱峰七位學者。委員會召集人吳豐山。

遠古的人類活動，係考古研究成果，不斷受到挑戰。例如台灣原住民的來源，便有各種不同說法。紐西蘭的原住民——毛利人——之中很多相信他們的祖先來自台灣。基因科學家發現毛利人的基因與台灣阿美族基因近同。也有科學家認為所有人類都源自非洲。（本註解只限於已知的有限資料。）

大約一萬二千年前，地球進入冰河期末期。這段期間，地球的氣候逐漸穩定，海水不斷上升，台灣與西邊大陸之間的陸橋沉入海中，台灣至此才成為一個孤懸西太平洋的大海島。

台灣是台灣現在的名稱❹。從沒有名稱到稱呼為台灣，中間有很多轉化；這個轉化的過程，事實上也就是台灣參與人類互動的過程。

❹台灣名稱的由來，說法多多。連雅堂著《台灣通史》，說「台灣固無史也」，也就是說《台灣通史》是第一部台灣歷史書。連雅堂因此從中國史冊找尋源頭。他相信：秦始皇派徐福到海上找三神山，求長生不老之藥，其中有五百男女漂流到台灣，那時史書上記載的「瀛洲」就是台灣，並且還有一個名字叫「岱員」。

連氏又引《後漢書・東夷傳》，幫台灣找到「東鯷」的名字。至隋代，史書《海防考》對「流求國」的風土人情記載甚詳。連氏認定這個「流求國」就是當時的台灣。

在《台灣通史》首卷〈開闢紀〉，連氏認定唐朝貞觀年間，馬來群島洪水，當地居民各駕竹筏避難，漂流而至台灣，在島上落腳並且世代繁衍。隋代《海防考》所記諸般，與今日原住民文化相同，即為證據。

連氏又稱，到了南北宋，中原板蕩，福建的漳州、泉州居民先後遷避台灣，以今天雲林縣北港鎮附近為主要落腳點，當時稱為「魍港」，後來改稱「笨港」，最後才稱「北港」，所以台灣一度也稱「北港」。

連氏對台灣曾經一度名為「埋冤」，說是漳泉人所號，因為入台者常為天氣所虐，甚且病死，故以「埋冤」名之。至於較《台灣通史》更早的《台灣縣志》說台灣的名稱係因為荷蘭人築磚城，制若崇台，泊舟處概稱之為灣，所以叫台灣。連氏指為附會。

復據其他史料，台灣曾經還有過「大員」、「台原」、「大彎」等名稱。此外日本曾稱台灣為「高砂」，葡萄牙水手稱台灣為「福爾摩沙」。

2 世界島因緣

凌寅畫作《天佑臺灣》（局部）

拿出地球儀一看就很清楚，從台灣南方的大洋，有往北流經台灣東岸的黑潮。隔著一個海峽，中國大陸成為地球上最鄰近台灣的土地。黑潮的作用，使得南島語系族群成為台灣的原住民族。地球上最鄰近台灣的中國大陸，最容易與台灣聲息相通，必然也就形成長期與台灣禍福相倚的因緣❺。

❺ 在台灣四百年歷史發展中，台灣與中國大陸的分合，對台灣的命運有著無比弔詭的關連。這種弔詭的面貌，從人民的角度，可以看得清清楚楚。

以蔣介石政權於一九五〇年遷移台灣來看，台灣雖然陷入了三十九年的戒嚴高壓統治，

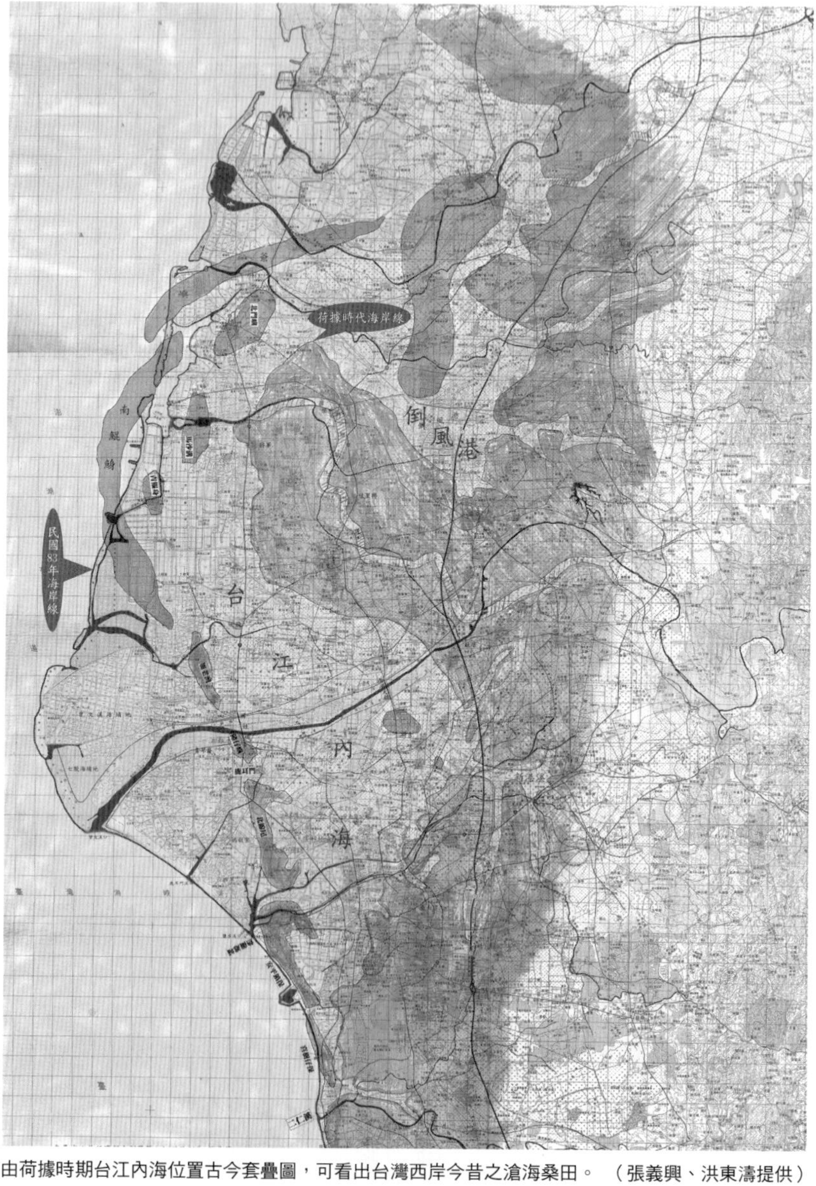

由荷據時期台江內海位置古今套疊圖，可看出台灣西岸今昔之滄海桑田。（張義興、洪東濤提供）

但是同一時間，中國在共產黨的統治下，中國人民的生命遠比台灣人民不堪。蔣介石政權遷移台灣，由於東西方冷戰，台灣成為以美國為首的西方民主陣營的一員，美國因素至少使得台灣不得不在口頭上和學校教育上禮讚民主，日久，民主成為台灣人民的信仰，經由幾番衝撞，造就了今天台灣的民主政治。同樣由於美國因素，台灣採行資本主義，其結果是經濟建設有成，造就了後來的「台灣奇蹟」。同樣由於美國因素，台灣從中國的邊陲一變而成台灣自我主體，造就了今天兩千三百萬台灣人民非當家作主不可的強烈意願。

再以滿清皇朝因甲午戰敗割讓台灣來看，台灣雖然從此陷入殖民統治，可是從割讓的一八九五年到二戰結束日本放棄台灣的一九四五年，正好是中國被列強欺凌的末期和軍閥混戰的年月，外加最後八年的日本侵略中國。台灣人在日本差別待遇的殖民統治下，有其頗為不堪的苦楚，可是如果客觀的把日本殖民當局的銳意經營，比對中國人民在那一時段家破人亡、血流成河，被割讓的台灣人民其實得到了上天的特別眷顧。

在日本人殖民統治之前，滿清皇朝領有台灣長達二百十三年。領有之初，滿清中央政府視台灣為彈丸小島，視台人為化外之民，所以只做象徵性的統治，來台官員有限、兵員有限，中國的四書五經和禮教進入了台灣，但中國官場賄賂公行的荼毒有限，台灣人民所以能夠「帝力於我何有哉」。等到台灣建省，劉銘傳來台刻意經營，已經是最後幾年的事。

在滿清領有台灣之前是短暫的鄭成功王朝，他與中國對峙，聲言反攻大陸、反清復明。

反攻無望之後，「南進」反而是鄭氏王朝比較務實的夢想。

在更前，台灣是萬國之地，中國寧願視而不見。

至於本書第一節提到在遠古「因為海水不斷上升，台灣與西邊大陸之間的陸橋沉入海中，台灣至此才成為一個孤懸西太平洋的大海島」之前，台灣的遠古人類足跡，依考古學家研究，顯然由西東來。

黑潮由南北來，南島語系的原住民族因此靜靜地在台灣繁衍生息。

中國大陸在大約四、五千年前開始逐漸生成文明。秦始皇大統一以後的皇朝，興盛的時候，皇臣想要開疆闢土；衰微腐敗的時候，人民必須逃生。在航海技術尚未發達以前，橫渡台灣海峽確實不易，但非不可能。假如兵多將廣，大船成群，局面便全然改觀。一六六二年，鄭成功的船隊登陸台南鹿耳門，打敗了佔領台灣三十八年的荷蘭人，造就了中國與台灣歷史糾葛的第一個高峰。

鄭家政權在台灣維繫了二十一年[6]。其後滿清政府懶洋洋地經營台灣二百一十三年，一直到西元一八九五[7]。

❻ 鄭成功是中國大海盜鄭芝龍和日本妻子的兒子，他繼承了父親的部分海盜勢力，卻多了一份政治企圖，以金門、廈門為基地，在福建、浙江、江蘇一帶和滿清大軍爭戰了好幾年。最後攻伐南京失敗。

一六六一年，鄭成功率領二萬五千大軍、四百艘戰船，自金門出發，先下澎湖。於四月由鹿耳門進入台南，經過艱苦的圍城作戰，於一六六二年二月接受荷方投降，在台南建都，以反清復明為號召。

鄭成功來台一年就心力交瘁病亡，他的兒子鄭經繼位。鄭經死後，其子鄭克塽年幼繼位。很快就被原來的海軍部將、後來歸順滿清的施琅打敗。鄭氏政權前後二十一年。

鄭氏政權在台灣屯田，頗有成績。一般認為鄭氏王朝的重臣陳永華在王朝治理上居功厥偉。

❼ 施琅消滅鄭氏王朝後，史書記載滿清皇朝認為台灣無足輕重，施琅後來上了〈恭陳台灣棄留疏〉主張台灣有極高的軍事、經濟價值，才改變了滿清皇朝放棄台灣的想法。

滿清皇朝治台前後二百十三年，視台灣為帝國邊陲，只派少數官員來台，人民常常和官府對抗，是為「三年一小反、五年一大反」。移民政策朝三暮四，但福建、廣東沿海一帶的窮困人民仍冒險渡海，二百多年間自然故事多多。今天小說、歌仔戲、電視常會出現的「虎姑婆」、「唐山過台灣」、「鴨母王」、「王得祿」、「吳鳳」等等都是這兩百多年間的真假故事。

滿清皇朝只在治台最後幾年才想到要認真經略台灣。一八八五年劉銘傳被任命為台灣建省後首任巡撫，但一八八七年才到任。他在台灣六年，政績可觀，從基隆到中壢的鐵路就是他建的。四年後台灣割讓日本。

西元一八九五年，在日清戰爭中戰敗的滿清皇朝，永久割讓台灣給日本，從此台灣陷入大日本帝國的殖民統治，一直到西元一九四五❽。

❽日本在日清戰爭中打敗滿清，馬關條約議定台灣永久割讓日本。一八九五年首任總督樺山資紀和北白川宮能久親王率兵來台，於五月從東北角海岸登陸，於六月十七日在台北舉行「始政典禮」。十一月十八日宣告「全島悉予平定」。此後五十一年，日本總共派了十七任總督，銳意經營這第一個殖民地。一直到一九四五年日本在二戰中戰敗放棄台灣為止。

圖左起：日本總督兒玉源太郎、民政長官後藤新平。（遠流資料室）

日本殖民台灣係屬異國統治，採差別待遇。但因銳意經營，在法治、治安、衛生、初級教育普及等方面頗見成績。

且由於強調「帝國威儀」，日本殖民當局在台灣作了不少公共建築，至今延用。

日本據台期間，日本文化隨之引入，成為今日台灣多元文化的一部分。

西元一九四五年，日本在第二次世界大戰慘敗，無條件投降，日本放棄的台灣，由盟軍交付中國領袖蔣介石代表接受。越五年，蔣介石在國民黨和共產黨的內戰中慘敗，順勢把政權遷移台灣，台灣從此掛起了中華民國的招牌，成為二戰後東西方冷戰的橋頭堡❾。

❾蔣介石和毛澤東的國共內戰前後打了二十年，其中戰戰和和。歷史記載，蔣在大勢已去後，曾考慮四川、海南島和台灣三個落腳點。最後選擇台灣是因為海峽天險和台灣已有基礎建設。

蔣介石政權於一九五〇遷台，伴隨而來的是二百萬軍民、故宮部分珍寶、好的和壞的中華文化以及幾百萬兩黃金。

蔣介石政權遷台使得台灣的存在和發展產生了命運的根本變化，其中包括前期的高壓統治和後來的民主發展，包括台灣免受共產主義的荼毒以及後來的經濟發展，包括今日台灣和中華人民共和國的糾纏，包括美國文化和美國勢力的進入。

在以後的章節中，這些問題都會觸及，因此本註解只作如此補述。

3 世界文明軌跡

凌寅畫作《天佑臺灣》（局部）

在往下論述之前，我們應該重新回過頭去觀照人類發展的軌跡。台灣是在一六二四年荷蘭人佔領南台灣，並且實施有效統治的時刻，才首次浮現世界大舞台。

在這個時間點之前，儘管台灣依然在歷史的長河裡沉睡，但世界文明卻已長足發展，人類活動已經寫下了無數驚奇的篇章。

在中國，早在荷蘭人佔領南台灣的一千八百年前，秦始皇已經建立了大一統王朝，並且建設了萬里長城[10]。比秦始皇更早三百年，儒家創始人孔子已經周遊列國[11]。有個叫蔡倫的京官，在西元一〇五年前後已經發明造紙術[12]。

全台首學台南孔廟。　　（鄭錦銘攝影，遠流提供）

⑩ 秦始皇生於公元前二五九年，逝於公元前二一〇年。出生當時是周朝末期的春秋戰國亂世，他父親的秦國歷經征戰，已成為諸侯中最強大的國家，秦始皇在那個基礎上對六國大肆征伐獲勝，然後宣布自己成為全中國的第一個帝王，此之謂「秦始皇」。

中國歷史家也宣稱秦始皇是第一個以武力統一中國的皇帝。更重要的是他的統治表現，包括他統一度量衡、統一貨幣、統一車軸長度、統一法律體系、統一文字等，這些政治成績，被認為是中國儘管朝代更迭不斷，卻一直能保持文化統一的主要因素。

秦始皇有三件施政，被史學罵得狗血淋頭，一是焚書坑儒，二是修萬里長城，三是開鑿運河。但也有人幫他平反，說不焚書坑儒，無法有效統治；說萬里長城是國防建設，否則不足以抵禦外侮；說開鑿運河是交通建設，否則南北物產不可能互通有無。

⑪ 孔子是對中國人生活與文化有大影響的一個哲學家，他的影響至今還繼續向世界擴張之中。

孔子生於公元前五五一年，逝於公元前四七九年，時為周朝末期，諸侯割據自稱為王。孔子曾經做過管糧草、牲畜的魯國小官，後來設立私塾教書，五十歲時又做魯國司寇，不久又被政敵逐出國內，從此開始與門徒周遊列國。

孔教強調崇敬祖先、忠於家庭、孝敬父母、反對苛政、以民為本等。

孔子在世時並不受重視，去世後他的思想才流行起來，旋即因為秦始皇統一中國、焚書坑儒而遭厄運。到了漢朝（公元前二〇六年以後），儒學卻成了官方獨尊的顯學。包括科舉考試，都以儒家經典為主。民國初年曾有「打倒孔家店」的運動，中共建政後也一度批孔。但在過去二千多年中，孔子思想在華人社會已造成巨大影響。進入二十一世紀後，隨著中共崛起，北京當局正在世界各國廣設「孔子學院」。

⓬ 紙是人類文明發展史上的重大發明之一。發明製紙術的就是中國蔡倫。時間大約在西元一〇五年前後。官修的漢朝史書記載，蔡倫是宮廷官員，他把造出來的紙呈獻給漢和帝，並獲得升遷獎賞，還用「蔡侯紙」命名他的發明。

蔡倫發明紙後，中國人便不斷向亞洲其他地區輸出成品，但對造紙術秘而不宣。到了第八世紀阿拉伯人俘獲一些中國造紙工人，不久造紙術傳遍阿拉伯世界。十二世紀時，歐洲人又從阿拉伯人學會了造紙術。

在蔡倫發明紙之前，中國大部分的書是用竹簡做成，少部分用絲綢。在紙傳進西方之前，西方大部分的書是寫在羊皮或小牛皮上。

在非洲北端，比中國的黃帝更早，埃及在公元前三千兩百年，已經建立了統一王國。王國的好幾個法老王的墳墓金字塔，是奴隸文明，也是建築的奇蹟，至今猶在。長達一千三百五十公里的尼羅河流域發展出了農牧文明⓭。

⑬ 埃及在北非洲，沙漠佔了百分之九十五的面積。公元前三千二百年出現統一的奴隸制國家。後來先後被亞述、波斯、馬其頓、羅馬帝國、阿拉伯、西班牙、英國征服或占領過。

埃及是世界最早的文明古國之一，雖然歷經滄桑，卻至今猶在。宏偉的金字塔群，已被聯合國列為人類文化遺產。

在西部亞洲，幼發拉底河和底格里斯河兩河流域，只比埃及王國稍後，巴比倫王國已然出現。人類建立了第一個城市，創造了第一部法典，而且還發明了藥典、農人曆書等⑭。

⑭ 巴比倫在幼發拉底河和底格里斯河流域。大約與埃及同時，人們就在那裡建立了國家，並且發展出文明。人類第一個城市在那裡浮現，第一部法典——《漢穆拉比》法典在那裡寫出。此外還有藥典、農人曆書等，是西方文明的搖籃。

巴比倫的歷史也滄海桑田。這個國家現在不見了，但在今天的巴格達附近，古蹟具在。

在歐洲，早在荷蘭人航海前來台灣之前一千七百年，奧古斯都・凱撒已經創建了羅馬帝國⑮。

⑮羅馬帝國歷史顯赫，羅馬是歐洲古代文明的頂峰，又是古代埃及、巴比倫、猶太、希臘等文化成就傳播到西歐的主要通道。開創這個燦爛的人就是奧古斯都・凱撒（Augustus Caesar）。

奧古斯都・凱撒統治羅馬逾四十年，在他的統轄下，羅馬軍隊征服了西班牙、瑞士、加拉提亞和巴爾幹半島的大部分地區。全羅馬帝國建立了四通八達的上等公路網，羅馬城內公共建築林立，龐大莊嚴，有些至今仍在。奧古斯都・凱撒生於公元前六十三年，逝於公元前十四年。

比奧古斯都・凱撒更早四百年，亞里斯多德已經成為政治學的開山祖⑯。蒙古英雄成吉思汗比荷蘭人東來早五百年，已經從亞洲打到歐洲，建立了人類歷史上最大的帝國⑰。荷蘭人還沒有「發現台灣」之前一百多年，哥倫布已經發現美洲新大陸⑱。谷登堡已經發明活版印刷術⑲。

⑯亞里斯多德（Aristotle）生於公元前三八四年。他的父親是馬其頓國的醫生。亞里斯多德年輕時期在柏拉圖學院讀了二十年書，後來返回馬其頓做王子亞歷山大的私人教師。這個後來的亞歷山大大帝繼承王位後，慷慨的資助亞里斯多德開辦自己的學校——「學園」，成就了亞里斯多德後來極其龐大的學術成就。

亞里斯多德著作等身，妥善保存迄今的有四十七部，後來又被發現屬其著作的共有一百七十部，範圍包括天文學、動物學、胚胎學、地理學、地質學、物理學、解剖學、生理學等等，莫不邏輯清晰。隨著這些著作在古代及中世紀被翻譯成拉丁文、敘利亞文、阿拉伯文、義大利文、法文、希伯來文、德文、英文，對西方思想以及科學研究發揮了巨大影響。

亞里斯多德逝於公元前三二二年，享年六十二歲。逝世前過的是逃亡生活，因為亞歷山大死了，反亞歷山大的勢力控制了雅典，亞里斯多德被指控為「不虔誠」，他因此逃亡。

⑰成吉思汗名鐵木真，出生於一一六二年左右。他的父親是一名蒙古族酋長，鐵木真九歲的時候，父親被殺害。歷史學家記載，在鐵木真崛起之前，蒙古各部族相互仇殺，他卻

將外交手腕、冷酷無情、組織才華結合在一起，於一二〇六年糾合各部族，被公推為成吉思汗，意即「世界之帝」。然後成吉思汗開始攻城掠地，鐵蹄忽過中國西北、波斯、中亞、俄國、阿富汗、印度，建立了橫跨歐亞的大帝國。逝於一二二七年。

成吉思汗建立的大帝國，經過幾個世代，後來當然還是崩潰了，不過他貫通歐亞交通和貿易，對後來的世界，影響巨大。

⑱ 克里斯多福‧哥倫布（Christopher Columbus）一四五一年生於義大利熱內亞，長大後成為船長航海家，資助他的是西班牙女王伊莎貝拉一世。

一四九二年哥倫布從西班牙出發，歷經折難於兩個月又九天之後到達巴哈馬群島。

所謂「發現」，可以有很多種看法。印第安人已經在美洲大陸生存了幾萬千年，「發現」當然是歐洲觀點；因為在哥倫布之前，歐洲人並不知道有美洲大陸的存在。

另有二說，一是在哥倫布之前幾個世紀，維京（Virgin）水手就到過美洲；二是中國人比哥倫布更早飄過太平洋到達美洲。

不過，因為哥倫布的「發現新大陸」才使得歐洲和美洲產生巨變，則是歷史的事實。

⑲ 谷登堡是德國人，生於一四〇〇年，逝於一四六八年。他是第一個把活動鉛字和印刷結合，並使這種方法迅速準確印出各種書寫材料的發明家。

根據歷史學家的研究，從馬可孛羅的遊記可以看出，在第十三世紀，中國遠比歐洲富庶，後來卻被歐洲趕上，關鍵在於歐洲發明了印刷術，使得知識得以快速大量傳佈，形塑了社會的大進步。

台灣沉睡，但地球沒有停止運轉，台灣人以外的許多人類沒有停止進步。牛頓在一六八七年發現了萬有引力⑳，瓦特在一七八二年發明了蒸汽機㉑，華盛頓帶領美洲殖民地子民在一七八三年打敗了英軍，建立了美利堅合眾國㉒，達爾文在一八五九年發明了進化論㉓。

⑳艾薩克・牛頓（Isaac Newton）是英格蘭人，一六四二年生，劍橋大學畢業。根據《歷史上最有影響力的一百人》一書（作者哈特（Michael H. Hart），譯者顏可維，圓神出版社，一九九四）記述，十七世紀中期是科學大躍進的時期；望遠鏡的發明、血液循環的發現、伽利略的天文觀測、行星圍繞太陽運行定律的發現，都在這個時候。牛頓最著名之處是他發現「萬有引力定律」。其實他還製作了第一架反射望遠鏡，他創造了微積分，他對熱力學和聲學都有重要貢獻。他的成就使他成為那個科學勃發時代最有影響力的科學家。他在一六八七年出版的巨著《自然哲學的數學原理》，至今仍是科學經

典。牛頓一七二七年逝世，安葬在西敏寺教堂，是英國第一位受到這般榮譽的科學家。

㉑ 詹姆斯・瓦特（James Wart）是蘇格蘭發明家。他發明蒸汽機，造成工業革命，是人類文明的里程碑。

瓦特生於公元一七三六年，在他之前，已有類似的構想或簡單的裝置，但沒有瓦特發明的冷凝室和齒輪以及離心調速器，就沒有工業用途的蒸汽機。其後他又發明了壓力計、計算器、指示器、節流閥，瓦特本人也因此致富。在瓦特發明蒸氣機以前，人類主要靠風車、水車以及人的肌肉來進行生產，蒸氣機的發明才使得大量生產成為可能。之所以把蒸汽機列為文明的巨大貢獻，當然還因為後來輪船、火車的發明所造成的交通革命都托蒸汽機之賜。

㉒ 美利堅合眾國做為世界霸主，已有六、七十年歷史。在可預見的未來，美國應該還會有一大段光輝日子。然則，這個國家是怎麼開始的？

時間點是一七七五年，第一主角是喬治・華盛頓（George Washington）。那一年做為英國殖民地美洲的地主們舉行第二次大陸會議。經營農場致富的華盛頓，名望好、相貌好、具軍事經驗，也是行政幹才，所以被推派為大陸軍司令。經過長達十六年的浴血獨立戰爭，終於獨立建國。

歷史家給予華盛頓很高評價，一是他打贏了獨立戰爭；二是他曾是制憲會議主席；三是他只做兩任總統，不做萬年國王，為政權和平轉移開創先例，一直沿襲迄今。

美國的成功不是偶然，華盛頓的英明和胸懷為美國奠定了開闊的前路，是原因之一。

華盛頓擔任第二任總統卸任後二年，逝世於他從小長大的農莊。

㉓ 達爾文（Charles Darwin）生於一八〇九年，逝於一八八二年。英國人。劍橋大學畢業後擔任英國海軍的博物學家，隨著航海至各處，研究化石、動物、植物，蒐集了大量證據。

一八六〇年出版《物種起源》（*On the Origin of Species*）一書。一八七一年出版《人類的由來及性選擇》（*The Descent of Man and Selection in Relation to Sex*）一書。兩者合為眾所周知的進化論。

研究進化論的學者不少，達爾文的貢獻之不同，在於他不僅提出了自然選擇機制，而且根據其田野考察提供了他的理論證據。

科學界認為達爾文的貢獻是他的理論對後來的生物學研究產生了革命，並且對人類學、社會學、政治學、經濟學的研究也產生衝擊。

當然，達爾文的理論與宗教教條相背，但科學就是科學。

也就是說，在人類文明發展的歷史上，台灣曾長時間是荒島，台灣人並沒有搭上前幾千年的人類文明列車。或者，更精確地說，所謂台灣人，不管成員組成如何，在十七世紀以前，根本微不足道。荷蘭人在台南地區三十八年的經營才是台灣歷史的開端㉔。

㉔ 以荷蘭人一六二四年據台為台灣政治史的開端，是因為荷蘭人在佔領地建立了治理機構。事實上，在此之前各國與台灣的初步接觸不少。以下根據各種史料，列舉其犖犖大者：

- 一四三〇年，中國航海家鄭和由東南亞返回中國途中，遇到海難，意外造訪了台灣。根據他向朝廷報告，與台灣原住民有所接觸，並發現一些具有療效的草藥。不過此一情事之有無，一直有爭論。
- 一五四四年，葡萄牙水手「發現」台灣，並將之稱呼為「福爾摩沙」。
- 日本室町幕府時代就有商人和海盜到台灣。豐臣秀吉統一日本後，意圖向海外發展，一五九三年原田孫七郎奉他指派，到台灣要求「高山國」向日本輸誠納貢。其後德川幕府於一五九八年派遣長崎總督率軍意圖佔領台灣，卻被原住民戰士擊退。一六〇九年再派馬晴信率兵來台勘查港灣，調查產物，企圖獨佔台灣貿易，但無功而返。一六一六年又命長崎代官村山等安負責侵台，村山等安乃派其次子村山秋安率兵來台，中

古熱蘭遮城遺址，荷蘭在台灣的統治中心。（取自 19 世紀銅版畫）

途遭遇颱風，僅存少數抵台官兵又被原住民殲滅。

- 一五五〇年代中國海盜林道乾、林鳳等，曾到台灣活動，一五七〇年代以後已有漢人商船和漁船進入台灣本島。一六二一年海盜顧思齊、鄭芝龍因受日本當局圍捕，逃來台灣，分十寨駐在今雲林北港、嘉義新港一帶。一六二五年顧思齊病死，一六二八年鄭芝龍向明朝投降，其大本營移往福建。
- 一六二六年，西班牙海軍經過東北海岸的三貂角，於北寮島（今和平島）舉行佔領儀式。越二年佔領淡水，築聖多明哥要塞，十六年後，其勢力被荷蘭人取代。

事實上，荷蘭人在一六二四年佔領台灣之前，已經經歷一大段迂迴曲折的醞釀過程。十五世紀，西班牙和葡萄牙成為航海大國，十五世紀末葉發現前來遠東的新航路後，紛紛至遠東地區尋找新殖民地。十六世紀的一五五七年，葡萄牙人佔領了澳門。一五七一年，西班牙人佔領了菲律賓的馬尼拉。一五八一年荷蘭脫離西班牙的統治，成為新的獨立國家。一五八八年英國打敗了西班牙的無敵艦隊。荷蘭和英國雙方崛起，與西班牙和葡萄牙競逐海外殖民事業。

根據歷史學者戴寶村在《台灣政治史》一書（五南圖書出版公司，二〇〇六）的記述，荷蘭在一六〇二年成立東印度公司，公司有大資本，且可用國家名義設置軍隊，對外宣戰及媾和，尚可任命官吏統治殖民地。這個聯合東印度公司的官兵於一六〇三年首度進攻葡萄牙人佔領的澳門，但功敗垂成。後來買通福建稅監宦官，於一六〇四年佔領澎湖。不久之後又被明朝的福建總兵驅逐。荷蘭人退出澎湖後只好繼續找尋貿易據點，一六〇九年在日本平戶設立了商館，並徐圖佔領台灣。當時台灣叫「小琉球」。

一六一九年，荷蘭在巴達維亞（今印尼雅加達）建總督府，同年與英國訂立攻守同盟，隔年又建聯合艦隊。一六二一年，佔有菲律賓的西班牙計畫攻取台灣，荷蘭人獲知後出兵再攻澳門，並返取澎湖和台灣，以相抗衡。一六二二年七月，荷蘭人順利佔領了澎湖。

當時的中國明朝政府重澎湖而輕台灣，所以希望荷蘭人撤離澎湖，遷往台灣，其後幾經對峙、賄賂、交涉，最後明朝與荷蘭司令官達成了三條協議：一、荷蘭撤離澎湖；二、明朝同意與荷蘭貿易、三、明朝對荷蘭之佔領台灣不加干涉。一六二四年八月二十五日，台灣的台南附近正式進入荷蘭人的統治。

4 兩岸分離與台灣奇蹟

凌寅畫作《天佑臺灣》（局部）

官方文獻上記載，滿清領有台灣的後期，台灣人口在二百萬上下。日本殖民台灣後期，台灣人口到達六百萬人。絕大部分的台灣人在日本殖民當局開始發展輕工業之前，世世代代或農或漁或工，生活的目標是力求溫飽，正所謂日出而作、日落而息。基本上，台灣以外的世界與台灣無關，統治者代表的意義是徵糧徵稅徵捐，除此之外，台灣尋常百姓的生命，只有養兒育女，外加少許歲序悲歡。

當然，如果從官府的角度著眼，滿清政府統治台灣的二百餘年期間，其實也有各種波浪。朱一貴、林爽文和戴潮春的起事，在台灣史上留下了雖然擾動但沒有太大意義的篇章[25]。一八七四年日本軍人圍攻牡丹社，屯田駐軍台灣南端半年[26]以及一八八四年法國軍艦攻打淡水被駐軍所滅，都是應該記述的歷史故事[27]。滿清皇朝領有台灣的最後幾年，台灣巡撫劉銘傳銳意革新，時間雖然短暫，也有一定的歷史意涵㉘。至於曇花一現的「台灣民主國」前後不及二週，是典型的「歷史插曲」㉙。

㉕綜合各種史料，朱一貴、林爽文、戴潮春三人先後起事，是滿清皇朝統有台灣期間，前後不斷的民變中，最具規模的三事。

朱一貴是鳳山人，以養鴨為業，大家稱呼他「鴨母王」。一七二一年（清康熙六十年）因厭煩官府苛政擾民，乃率徒眾在岡山起事，各地紛紛響應。不久後攻下台灣府城，總兵戰死，朱一貴乃自稱「中興王」還建號「永和」，恢復明制，大封黨羽，不旋踵即被自福建調來的大軍平服。

林爽文是彰化人，農夫，天地會頭目。一七八六年（清乾隆五十一年）天地會被查辦又遭勒索，林爽文乃開始擁眾反抗，攻打彰化縣衙。他的徒眾甚至攻下新竹，並推林爽文為盟主，乃建年號「順天」，封官設爵，一時好像打到了天下，但一年兩個月之後，仍被中國增援的官兵平服。

戴潮春也是彰化人，富家子弟，任官府小官，卻遭上司壓擠兼勒索，乃辭職回家，並加入八卦會以自保。一八六二年（清同治元年），官府查辦八卦會，徒眾乃擁立戴潮春，不久攻下彰化城，戴潮春先自稱「大元帥」，再改稱「東王」，又分封徒眾頭頭為「南王」、「西王」、「北王」，並且設了中央政府。三年後還是同樣被從中國大陸調來的官兵平服。

復按：本註解以「起事」、「反抗」記述朱、林、戴事件。其實，「起事」、「反抗」、「叛亂」、「革命」講的都是同一回事；「起事」是中和字眼，「叛亂」是官府角度，「革命」是人民立場，其中當然也牽涉「成者為王，敗者為寇」。像史明所著《台灣人四百年史》即以「大革命」記述朱、林、戴事件。在滿清皇朝及其官吏的記載上卻是寫「謀反」。清道光年間曾任「台澎兵備道」加「按察使司」銜的丁日健編輯滿清治台文官武將的奏疏、論述、檄文，合為《治台必告錄》（台灣銀行經濟研究室編印，一九五九年）一書，其中凡提到朱、林、戴以及其他不可勝數的民變頭目，一律稱「匪」、稱「賊」、稱「盜」、稱「萎民」，甚至於稱「跳樑小丑」。至於連雅堂的《台灣通史》一律稱為「起事」。史實只有一個，史評卻因立場而異，古今國內外皆然，不足訝異。

㉖日本明治天皇自一八六八年實施明治維新，希望增強國力，發展帝國主義。明治維新雖然事經二、三十年才見大成績，但實施伊始，即舉國振奮，躍躍欲試。一八七一年，琉球漁船因遭遇颱風，漂流到台灣南部，船上六十六人，其中五十四人被牡丹社原住民殺害，其餘十二人經漢人協助轉送回琉球。當時琉球並非日本領土，日本卻按計畫冊封其藩主，以確立宗藩關係，照會國際，然後向滿清交涉，問如何處理牡丹

社事件？滿清總理衙門覆以琉球、台灣皆為中國所有，不煩日本過問。日本乃據此於一八七四年，命陸軍中將西鄉從道率兵三千六百人來台攻打。可是日軍遭遇瘧疾之苦，又未具備長期作戰條件，所以強力逼和，最後與北京當局簽訂「北京專約」，拿了十萬兩遇難家屬撫恤金，四十萬兩進軍修路和軍營建造補償費，還取得腐敗的滿清政府視日本出兵為「保民義舉」的白紙黑字，了結事件糾葛。

㉗ 越南的藩王阮福映於一八〇四年（清嘉慶九年）被滿清皇朝冊封為越南國王，越南成為滿清的藩屬。但法國早在十七世紀即開始多方經營越南。十九世紀列強侵擾中國和中南半島，利害糾纏不清，法國在列強中並未佔上風，所以意圖染指防務較為虛弱的台灣和澎湖。一八八三年，中、法、越糾紛擴大，滿清對法國意圖提高了警覺，大幅加強台灣防務。一八八四年在基隆港外的法國軍艦開始砲轟在獅球嶺的清軍砲台，隨後登陸，又被擊退，乃封鎖基隆港，並揮軍攻佔澎湖。

法國侵略台澎引起國際干涉，稍後法軍提出九十九年為期的基隆港經營權要求，旁及淡水港及採礦權，皆被滿清拒絕。一八八五年法軍知難而

基隆古蹟獅球嶺砲台，1884 年法軍攻台，被駐守在此的清軍擊退。（簡志維攝影）

退，清法簽訂「越南條約」，台灣逃過一劫。

㉘滿清皇朝於一八八五年將原屬福建省的台灣升格建省，派劉銘傳為第一任台灣巡撫。劉銘傳在台灣主政六年，銳意革新。舉其犖犖大者有：一、調整行政區劃，使行政管理更切合實際；二、全面清查丈量土地使產權清楚，田賦增加，得以支應建設；三、振興茶業，樟腦、硫磺貿易；四、興建自基隆至中壢的鐵路（其後任邵友濂巡撫續建至新竹。一八九五年日本據台後才南北貫通）；五、興辦電報、郵政、學堂，以方便通訊，發展新式教育。

㉙一八九五年中日甲午戰爭，中國戰敗，直隸總督兼北洋大臣李鴻章與日本首相伊藤博文簽訂馬關條約，滿清皇朝把「台灣全島及附屬各島嶼，又澎湖列島即英國格林尼次東經百十九度起至百二十度止及北緯二十三度起至二十四度之間諸島」永久割讓與日本。

議和之前，在北京及台北，眾人激憤，皆曰割讓不可，及至無可挽回，台灣巡撫唐景崧與台灣紳民陳季同、丘逢甲等，認為「臺灣屬倭，萬民不服」，

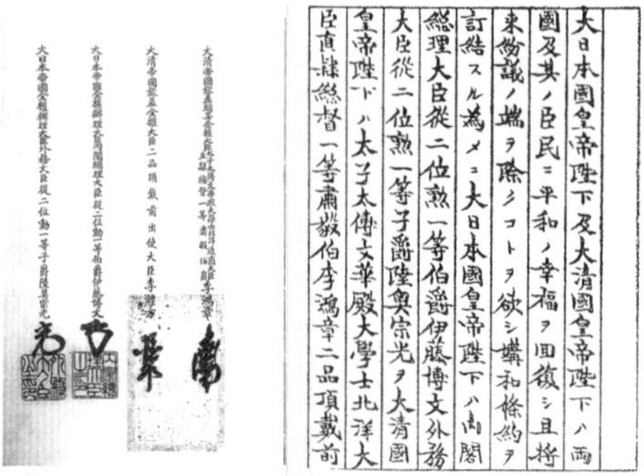
大日本國皇帝陛下及大清國皇帝陛下ハ兩
國及其ノ臣民ニ平和ノ幸福ヲ回復シ且將
來紛議ノ端ヲ除クコトヲ欲シ媾和條約ヲ
訂結スル為メニ大日本國皇帝陛下ハ内閣
總理大臣從二位勳一等伯爵伊藤博文外務
大臣從二位勳一等子爵陸奧宗光ヲ大清國
皇帝陛下ハ太子太傅文華殿大學士北洋大
臣直隸總督一等肅毅伯李鴻章二品頂戴前

1895 年馬關條約，台灣成為日本殖民地。（莊永明提供）

決定「唯有死守，據為島國」，因此於五月二十三日發表「台灣民主國自主宣言」，通電各國，宣佈台灣獨立建國，建元「永清」，製藍地黃虎國旗。六月七日，日軍在辜顯榮引領下進入台北城，台灣民主國要員紛紛逃去，獨立的理想曇花一現。

「台灣民主國」的成敗功過，史家褒貶不一。連雅堂的《台灣通史》以卷四獨立專章慷慨記述。

日軍進駐台北城情景。（莊永明提供）

我們不妨也讀一遍「台灣民主國」宣告成立時所發布的「宣言」全文：「我臺灣隸大清版圖二百餘年。近改行省，風會大開，儼然雄峙東南矣。乃上年日本肇釁，遂至失和。朝廷保兵恤民，遣使行成。日本要索臺灣，竟有割臺之款。事出意外，聞信之日，紳民憤恨，哭聲震天。雖經唐撫帥電奏迭爭，並請代臺紳民兩次電奏，懇求改約，內外臣工，俱抱不平，爭者甚眾，無如勢難挽回。紳民復乞援於英國，英泥局外之例，置之不理。又求唐撫帥電奏，懇由總理各國事務衙門商請俄、法、德三大國併阻割臺，均無成議。嗚呼慘矣！查全臺前後山二千餘里，生靈千萬，打牲防番，家有火器。敢戰之士，一呼百萬，又有防軍四萬人，豈甘俯首事仇？今已無天可籲，無人肯援。臺民惟有自主，推擁賢者，權攝臺政。事平之後，當再請命中國，作何辦理。倘日本具有天良，不忍相強，臺民亦願顧全和局，與以利益。惟臺灣土地政令，非他人所能干預。設以干戈從事，臺民惟集萬眾禦之。願人人戰死而失臺，決不願拱手而讓臺。所望奇材異能，奮袂東渡，佐創世界，共立勛名。至於餉銀軍械，目前儘可支持，將來不能不借貸內地。不日即在上海、廣州及南洋一帶埠頭，開設公司，訂立章程，廣籌集款。臺民不幸至此，義憤之倫，諒必慨為佽助，洩敷天之恨，救孤島之危」。並再布告海外各國：「如肯認臺自立，公同衛助，所有臺灣金礦、煤礦以及可墾田可建屋之地，一概租與開闢，均沾利益。考公法：讓地為紳士不允，其約遂廢；海邦有案可援。如各國仗義公斷，能以臺灣歸還中國，臺民亦願以臺灣所有利益報之。臺民皆籍閩、粵，凡閩、粵人在外洋者，均望垂念鄉誼，富者挾貲渡臺，臺能庇之，絕不欺凌；貧者歇業渡臺，既可謀生，兼同洩憤。此非臺民無理倔強，實因未戰而割全省，為中外千古未有之奇變。臺民欲盡棄其田里，則內渡後無家可依；欲隱忍偷生，實無顏以對天下。因此搥胸泣血，萬眾一心，誓同死守。倘中國豪傑及海外各國能哀憐之，慨然相助，此則全臺百萬生靈所痛哭待命者也。特此布告中外知之」。

兒玉總督帶領政要參加在板橋林家花園的園遊會，圖為眾人正在觀賞餘興節目。（遠流資料室）

以下是從獨立宣言抽取出來的字句，饒富義涵：

一、「紳民復乞援於英國，英泥局外之例，置之不理。」據連雅堂記述，事情原委是這樣的：北京當局對付不了日本，竟有把台灣送給法國的想法。負責交涉的是南洋大臣張之洞。法國知道是燙手山芋，拒之。然後又想送給英國，英國說「貴國惘惘而贈之，敝國昧昧而受之，於英無利，於華有害。」同樣拒絕。

二、「今已無天可籲，無人肯援。臺民惟有自主，推擁賢者，權攝臺政。事平之後，當再請命中國，作何辦理。」滿清治台二百十三年，治台文官武將都是北京派遣，「皇恩浩蕩」，在君臣父子禮教下，獨立是為皇上考量的一時之計。「事平之後」是「把日本前來接收的官兵打回日本之後」的意思。

三、海外各國「如肯認臺自立，公同衛助，所有臺灣金礦、煤礦以及可墾田可建屋之地，一概租與開闢，均沾利益。」「如各國仗義公斷，能以臺灣歸還中國，臺民亦願以臺灣所有利益報之。」可見狗急跳牆之一斑。

本人的見解如下：「台灣民主國」之乍起是歷史的偶然，其乍終是歷史的必然。日本開始實施明治維新的時候，滿清也開始有變法維新之議。日本孜孜矻矻，鍥而不捨，以

台灣民主國時期，劉永福所頒發的義民證。（遠流資料室）

底於成。滿清卻議論盈廷，斷斷續續，慈禧太后還帶頭貪污。等到中日戰爭爆發的時候，日本已然船堅砲利，滿清卻只剩紙糊的國防。甲午戰後，割讓台灣，當然是滿清對不起台灣人民。長期隔著一個台灣海峽，帝國邊陲海疆一隅想要自立自救可以理解，但是不知對付當時的日軍形同以卵擊石，是愚昧之一；事平之後，還要再請命中國，這是愚昧之二；獨立之前竟然一口咬定法、英統治會比日本好，這是愚昧之三；只要能獨立，身家財產都可以歸外國人所有，這是愚昧之四；慷慨激昂於始，不數日就作鳥獸散於終，這是愚昧加無恥之五。

倒是「民主大將軍」、軍務督辦劉永福在他的大總統和大臣們鳥獸散後，還獨立硬撐了三個月，在台南附近打到最後一兵一卒，才乘英國船離台。站在人民觀點，應當給予一定程度的禮讚。質言之，獨立建國是何等神聖的事業，唐景崧等人無知無勇無謀，無天時無地利無人和，只像小孩子辦家家酒一般地兒戲一場，令人不禁擲筆浩嘆！

做為強國崛起的日本，希望不止獲有台灣一塊殖民地，把台灣這塊殖民地經營得有聲有色，成為其一大企圖。開始實施教育開發之後，少數台灣人得到了受教育的機會，這些少數之中的更少數在智慧啟迪、與世界文明初步接軌之後，開始有了民族自強自立的覺醒，這種覺醒終於讓台灣步向現代化乍現第一道曙光[30]。

㉚在日本帝國殖民統治下的台灣，知識階層就如何提升台灣人的尊嚴和地位，做了很多可歌可泣的努力。舉其犖犖大者如下：

● 創辦《台灣青年》月刊。一九二〇年由「新民會」創辦的第一份發揚民族意識雜誌。二年後改為《台灣》半月刊。又二年改為《台灣民報》周刊，再過三年獲准在台灣發行。一九二九年改名《台灣新民報》。一九三二年改為日刊，九年後改為《興南新聞》。戰爭末期五報合併為《台灣新報》。

這份變革多次的刊物，以發揚民族精神為主旨，並且有限度的批評總督府施政，抒發台灣人心聲。在當時，其出現和營運，具有啟迪思想的可觀作用。

新民會在發行《台灣民報》時的重要成員，左起：蔣渭水、蔡培火、蔡式穀、陳逢源、林呈祿、黃呈聰、黃朝琴、蔡惠如。（莊永明提供）

1928 年台灣民眾黨在台南召開第二次黨員代表大會。（莊永明提供）

1929 年台灣議會請願運動成員在新竹火車站合影，正準備前往東京請願。（莊永明提供）

- 發動「台灣議會設置請願運動」。一九二一年林獻堂帶領一百八十七人連署，向第四十四屆帝國議會提出請願，讓台灣人自己成立議會掌握立法權，以與總督府的行政權相制衡。

  其後十四年，年年請願，連署人數逐年增加。請願雖然終未成功，但對凝聚台灣人意識，有大作用。

- 成立「台灣文化協會」。一九二一年蔣渭水在台北創立。成立時會員即逾千人。成立的宗旨在助長台灣文化之發達，公開的目的在謀台灣人的社會解放與文化提升，不公開的目的在於喚醒民族自覺。

  「台灣文化協會」活動積極，總督府諸多干擾。可惜的是後來幹部有無產階級與有產階級之爭，一九二七年宣告分裂，名存實亡。

- 推動「台灣地方自治聯盟」。一九三〇年，楊肇嘉、蔡培火等人在台中成立。其要領為向帝國議會請求在台灣實施地方自治制度，目的在於讓台灣人民可以自己選舉地方官吏。日本當局於一九三四年回應將自隔年起實施地方自治改革案，要點是地方議員官派民選各半，參選人必須是納稅五元以上者。聯盟不滿意，但總督府照樣宣布實施。

  聯盟於一九三七年解散。

以上係參考《台灣民族運動史》（自立晚報出版，一九七〇年，蔡培火，吳三連、陳逢源，葉榮鐘著）、《台灣政治史》（五南圖書出版公司，二〇〇六年，戴寶村著）、《台灣人四百年史》（蓬島文化公司，一九八〇年，史明著）之記述。此外關於該期間的工農運動及組黨運動也有一定意義，本人未列入本註解。相關著作甚多，讀友如有興趣可自行參閱。

緊接歷史巧妙之後的是歷史的弔詭。第二次世界大戰結束，同樣是戰敗國日本的殖民地的韓國幡然獨立，台灣這塊殖民地卻由盟軍委由中國戰區統帥蔣介石接收。蔣介石視接收為光復。緊跟著蔣介石在中國內戰中慘敗，台灣驚天一變成了冷戰歲月的「自由中國」。

台灣做為「自由中國」的代價是蔣氏父子的戒嚴高壓統治。報酬有二：其一是避過了共產主義的荼毒，其二是一群跟隨蔣介石來台的中國經濟發展官僚，與台灣工商菁英攜手，發展台灣經濟，造就了所謂「台灣奇蹟」。

在「台灣奇蹟」逐步出現，國民所得超過二千美元以後，台灣事實上已經進入現代文明發展的共通軌道；人民要民主，台灣人民要當家作主。

國際學界稱讚台灣的民主發展為「不流血革命」，是以和平方法走向民主建制的寶貴經驗。

平實而論，當教育普及、經濟發展以及時間推移造就了二二八事變[31]之後的又一代菁英，人民要求民主的集體意志，就變成壓不扁的玫瑰。在奮鬥的過程中，有不少人付出了慘重代價，諸多犧牲可歌可泣，但基本上沒有血流成河，沒有成千上萬人頭落地㉜。如此這般，逐步演進到二〇〇〇年得能出現首次政黨輪替㉝。不能不說是上天對台灣子民的特別眷顧。

㉛ 一九四五年二戰結束，何應欽將軍代表盟軍從戰敗國日本手上接收台灣。視接收台灣為光復台灣的中華民國政府隨即派遣陳儀為首任台灣省行政長官。

陳儀是個軍人，自律甚嚴，但不免剛愎。與陳儀同來的官吏

2000 年的總統大選為台灣的第一次政黨輪替。圖為當時候選人陳水扁的競選晚會。(陳輝明攝影)

之中，不少人以上國姿態君臨台灣，而且貪習不改，對被日本殖民統治五十一年的台灣人，存有成見，但事實上當年的台灣在很多方面已比中國大陸進步。戰爭破壞尚未復原之際，物資匱乏，物價飛漲。政治因素和生計因素加在一起，台灣社會像被潑了滿地汽油一般，只要一根火柴，就會全面引燃。

引燃點在一九四七年二月二十七日，那天一名查緝私菸的人在台北南京西路與一名賣菸婦女衝突，開槍，於是情勢一發不可收拾，隔天反抗怒火由北向南一路延燒。

台灣仕紳組成了委員會想要協助化解衝突，提出的條件在陳儀看來頗為唐突，但陳儀虛與委蛇，同時請求中央調兵。不久後援軍到來，一片殺戮。一般相信，台灣人死亡在二萬人以上。

二二八事變對其後二十五年的台灣，影響深遠。在高壓統治下，僅餘的精英厭惡政治，轉向企業經營。過了整整一個世代，政治改革的要求才再凝聚起來。

開羅宣言開啟了台灣迄今為止的主權之爭。圖為美軍所製，空投至日本及台灣各地以勸降的宣傳單。（莊永明提供）

著《台灣人四百年史》的史明把二二八當做「大革命」。政府稱為「清鄉」。陳儀在事平後無事，直到四年後以謀反被蔣介石總統槍斃。論者認為當時蔣已敗退台灣，槍斃陳儀雖以謀反為罪名，其實在於安撫嚴重受創的台灣民心。

視二二八事件為「清鄉」的國民黨政府一直到李登輝出任總統才首次向受害家屬道歉。其後在民進黨主催下，政府並有金錢補償、建紀念碑、設紀念館等平反作為。

㉜ 台灣人民對舊國民黨政權的衝撞，包括島外、島內兩大部分，內含獨立建國、民主爭取、公義追求、不一而足。

島外部分依時間先後，有以下諸大端：

- 一九四七，謝雪紅於香港創立「台灣民主自治同盟」。
- 一九五〇，廖文毅在日本京都成立「台灣民主獨立黨」。
- 一九五五，廖文毅在日本東京創立「台灣共和國臨時政府」，並創辦機關報《台灣民報》。
- 一九五八，林榮勳、陳以德、盧主義等人在美國費城成立「台灣人的自由台灣會」，隨後改組為「台灣獨立聯盟」。

1945 年 10 月，國民黨政府官員來台接管一景。（遠流資料室）

●一九六〇，王育德在日本東京組織「台灣青年社」，並發行日文《台灣青年》雙月刊，宣傳獨立主張。

●一九六一，陳以德在美國紐約召開記者會，公開台獨活動。同年舉辦對訪美的陳誠副總統第一次示威。

●一九六二，史明《台灣人四百年史》日文版於東京出版。

●一九六三，王育德著《台灣苦悶的歷史》日文版於東京出版。

●一九六四，台獨聯盟發動學生到華府的中華民國大使館舉行二二八示威。黃義明等在加拿大成立「台灣住民自決聯盟」，後來改名「加拿大台灣人權委員會」。

●一九六五，廖文毅返回台灣歸順，郭泰成接任臨時政府大統帥。同年，日本的「台灣青年會」改稱「台灣青年獨立聯盟」，並在東京示威，要求聯合國支持台灣獨立。

●一九六六，「全美台灣獨立聯盟成立」，陳以德任主席，周烒明任副主席。

●一九六七，「歐洲台獨聯盟」在瑞士蘇黎士成立。同年，史明在日本東京成立「獨立台灣會」，發行《獨立台灣》月刊。

●一九六八，留美學生陳玉璽遭遣送回台，以參加台獨被判刑七年。

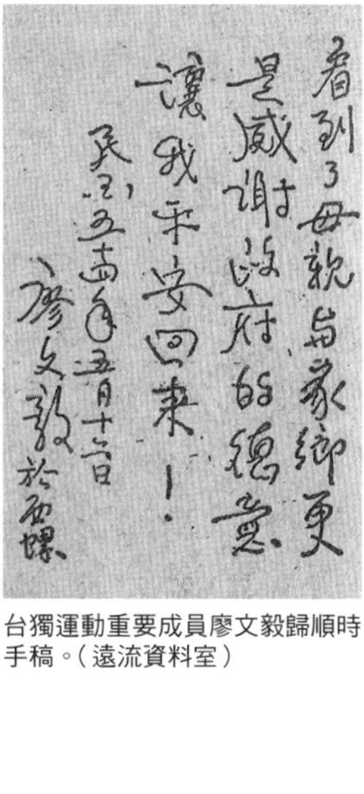

台獨運動重要成員廖文毅歸順時手稿。（遠流資料室）

留日青年柳文卿遭日本政府強制遣送回台，同志在機場阻止，被日警逮捕。

同年美、日、歐三台獨聯盟合辦中文版《台灣青年》。

- 一九六九，全美台灣同鄉會創刊《望春風》。

日本的「留日台灣聯誼會」創刊《台生報》。

同年底，聯合國辯論「中國代表權」問題，台獨聯盟成員到聯合國示威。

- 一九七〇，台灣、日本、美國、歐洲、加拿大五地區台獨團體合併成立「台獨聯盟」。

同年，台獨聯盟成員黃文雄在紐約刺殺訪美的蔣經國未遂，與郭自才一起被捕，稍後台灣同鄉募款交保。

《台灣青年》雜誌發表台灣泰源監獄政治犯名單。

- 一九七一，黃文雄、郭自才棄保逃亡。

因發表「台灣人民自救宣言」被捕後又特赦的彭明敏於前一年逃亡輾轉抵達美國。

九月，彭明敏與台灣同鄉在紐約舉行「台灣民眾大會」，會後遊行到聯合國。

十月，台獨聯盟發動全球二十多處台灣人，同步舉行「鎖鍊示威」。

十月，全歐台灣同鄉會聯合會成立，吳修團出任會長。

- 一九七二，彭明敏接「台獨聯盟」總本部主席，並創辦《台獨月刊》。

- 一九七三，黃彰輝、林宗義、黃武東、宋泉盛在美國發表〈自決運動宣言〉。

黃照天在巴黎刺殺國民黨駐法總書記滕永康，被捕入獄。

張燦鍙接任「台獨聯盟」美國總部主席。

舊金山地區創刊《蕃薯》雜誌。日本地區創刊《台灣文化》雜誌。

- 一九七四，「世界台灣同鄉會」在奧地利維也納成立，郭榮桔任會長。
- 一九七五，北美洲台灣人舉辦一連串「台灣民眾大會」，主張台灣人民自決。
- 一九七六，在日本的「台灣共和國臨時政府」第二任大統領郭泰成去世，林台生繼任。
- 一九七七，日本同情台灣人士創立「台灣政治犯救援會」。
- 一九七八，郭雨新在美國宣布與蔣經國競選第六任總統。
  同年，「台灣黨外助選團」成立。
- 一九七九，郭雨新在美國成立「台灣民主運動海外同盟」。
  年底，高雄爆發「美麗島事件」，海外台灣人團體全面展開救援、抗議行動。其後十個台灣團體成立「台灣建國聯合陣線」。
- 一九八〇，王玉雲內弟在美國加州的住宅被炸死。
  許信良在美國復刊《美麗島》周報。
- 一九八二，台獨聯盟成立專責遊說的「台灣人公共事務協會」（FAPA）。
- 一九八三，李應元發行《台灣學生》雜誌，並首次舉辦幹部冬令營。
  同年十一月，「全美人權會」會長許瑞峰闖關回台，發表《返台告父老鄉親書》，被限期離境。
- 一九八四，陳南天當選台獨聯盟美國本部主席，內部部分成員出走。

同年，台獨聯盟台灣本部散發「自救宣言」。台獨聯盟日本本部在台灣散發傳單，發表對選舉的看法。

- 一九八五，洪哲勝、許信良在美國成立「台灣革命黨」。

同年，台獨聯盟在加州聖地牙哥大學成立人力資源訓練中心。

- 一九八六，許信良解散「台灣革命黨」，並發起遷黨回台。

同年民主進步黨在台北組黨。

以上所列大事紀係從陳銘城所著《海外台獨運動四十年》（自立晚報出版，一九九二年）一書摘出。

海外的台灣人運動，以台灣獨立訴求為主。這是因為海外為蔣氏政權法力所未及，所以海外台灣人可以暢所欲言，行所欲行。不過，其中有一些人事糾葛，不值細述；有少許暴力作為，不應稱許。整體而言，海外台獨運動對後援島內民主運動、對建立台灣主體性、對台灣人文化素質提升，有不可抹煞的付出。

一九八六年，民主進步黨成立。過兩年蔣經國總統去世，李登輝繼承大位，島內逐步走向開放民主。一九八〇年以後，海外台獨人士紛紛回到台灣，投入國內政治改革。二〇〇〇年政黨輪替後更見海外台獨運動人士參與政府；如張燦鍙、許添財先後勝選台南市長。蔡同榮勝選立法委員，鼓吹公投，還創辦了「民間全民電視台」。陳唐山先後勝選立委，兩任台南縣長，官至外交部長、國安會秘書長、總統府秘書長。李應元勝選立委，官至勞委會主委、行政院秘書長、政務委員。此外如羅福全、許世楷等多人出任駐外大使或代表，未可勝數。

台獨聯盟仍在，二〇〇八年時候的主席是黃昭堂。

至於島內台灣人對舊國民黨政權的衝撞，擇自一九七四年起，以時間先後列記諸大端：

- 一九七四，黨外雜誌《台灣政論》出刊，主責人為黃信介、康寧祥、張俊宏、姚嘉文、張金策。

  久任省議員的郭雨新，以八萬張廢票落選，不滿民眾集結抗議。

- 一九七五，郭雨新的選舉官司敗訴。

  張金策被控在礁溪鄉長任上貪污五千元，被判刑十年後潛逃赴美。

  楊金海、顏明聖因籌組反對黨被捕，分處無期徒刑及十二年徒刑。

  政治犯蘇東啟坐牢十五年刑滿出獄。

  魏廷朝坐牢五年八個月刑滿出獄。

  黃華鼓吹台灣獨立判刑十年。

- 一九七七，柏楊因禁九年餘後出獄。

  施明德坐牢十五年出獄。

  台灣基督教長老教會發表第三次「人權宣言」，

作家柏楊（1920～2008）為永遠的台灣人權鬥士。（王榮文攝影）

主張「建立台灣成為一個新而獨立的國家」。

許信良脫黨勝選桃園縣長。開票夜因支持者發現中壢國小投票所舞弊，警民衝突，發生中壢事件。

- 一九七八，林正杰、張富忠以許信良競選縣長為內容，著作《選舉萬歲》一書被查禁。

施明德著文抨擊「萬年國會」。

中壢事件宣判，八名被告因公共危險罪與妨害公務罪，分處二年四個月至十二年徒刑。

黃信介成立「黨外助選團」。

十二月十六日，政府對進行中的增額中央民意代表選舉以台美斷交為由宣布中止。九天後黨外人士召開國是會議，要求民主自由、解除戒嚴。

- 一九七九，前高雄縣長余登發父子被以叛亂罪嫌逮捕，黨外人士咸信係因余被疑將領導組黨之故。隔天黨外人士在高雄橋頭鄉舉行戒嚴後首次示威遊行。三天後帶頭的許信良被以「擅離職守」移送監察院。三個月後，監察院對許信良通過彈劾案。余登發被判刑八年，其子余瑞言判刑二年，咬定余氏父子的吳泰安死刑。

《潮流》、《消息》、《八十年代》、《春風》、《鼓聲》、《美麗島》等黨外雜誌先後創刊。

「黨外總部」、「黨外中央民意代表候選人聯誼會」等黨外社團紛紛成立。

反黨外的《疾風》雜誌的支持者，在中泰賓館與舉辦《美麗島》雜誌創刊酒會的黨外人士衝突。

十二月十日，已在各縣市廣設分社的美麗島雜誌社在高雄舉辦國際人權日演講會，爆發台灣民主運動史上最激烈的「美麗島事件」。

- 一九八〇，被政府逮捕、參與美麗島事件的黨外人士分軍法與刑法二部分審判。海內外人士展開救援。黨外律師組成律師團。

高雄事件被捕人之一，林義雄省議員家裡被兇手潛入做出滅門慘案。

美麗島事件受刑人判刑入獄。

受刑人家屬辦黨外雜誌繼續抗爭。

年底，部分受刑人家屬參與增額國代、立委選舉，高票當選。

- 一九八一，黨外雜誌繼續發刊，被查禁。

年底，美麗島辯護律師參與縣市長、省市議員選舉，多人當選。

- 一九八二，林義雄宅改為「義光基督長老教會」。

康寧祥、張德銘、黃煌雄三黨外立委及黨外監委尤清應「北美洲台灣人教授協會」之邀，集體訪美。

黃信介、張俊宏、姚嘉文、林弘宜在獄中發表共同聲明，認為「在台灣完成民主，遠比為中國製造統一更為迫切需要」。

在獄外，部分黨外人士在台北中山堂集會以「民主、團結、救台灣」為訴求，提出

「制定國家基本法」等政治主張。

- 一九八三，文化大學政治學系主任盧修一博士被捕，稍後被判五年感化教育。

「黨外編輯作家聯誼會」成立。

「黨外競選立委後援會」成立，並提出「台灣前途應由台灣全體住民共同決定」之共同政見。林義雄太太方素敏當選立委，康寧祥、張德銘、黃煌雄卻都落選。

黨外雜誌不斷創刊，被查禁，再創刊。

- 一九八四，「黨外公職人員公共政策研究會」成立。至年底被內政部宣布為非法結社。

美麗島事件受刑人林義雄、高俊民、林文珍、許晴富獲假釋出獄。

江鵬堅成立「台灣人權促進會」。

「台灣原住民權利促進會」成立。

- 一九八五，「蓬萊島雜誌誹謗案」宣判，陳水扁、黃天福、李逸洋各處有期徒刑一年，民事賠償二百萬元。呂秀蓮獲保外就醫。鄭南榕與警方不斷衝撞。

黨外公政會與編聯會分組「一九八五黨外選舉後援會」，正式推薦四十二位參選人。並提出「新黨新氣象、自決救台灣」的共同口號。選舉結果，台北市議員和台灣省議員多人勝選，縣市長落選者較多。

陳水扁在台南謝票時，陳妻車禍重傷。

- 一九八六，美麗島受刑人陳菊等十二人獲假釋出獄。

政府宣布「黨外公政會」違法將予取締。陶百川、胡佛、楊國樞、李鴻禧，出面溝通生效，陳水扁在台北成立「黨外公政會台北分會」，康寧祥在台北成立「黨外公政會首都分會」，其後高雄、北縣、桃園、中市、新竹、南市也先後成立分會。

鹿港民眾發起第一次以公害為主題的「反杜邦示威」。

九月二十八日「一九八六年黨外選舉後援會」在圓山飯店舉辦推薦大會，一百三十二位與會黨外人士宣布成立「民主進步黨」。

以上大事紀係參考《綠色年代——台灣民主運動二十五年》一書（二〇〇五，張富忠、邱萬興編著，財團法人綠色旅行文教基金會出版）之記述。

從一九八六年民主進步黨成功組黨到一九八八年解除戒嚴，抗爭運動持續。在解嚴初期，各種社會力爆發，各種抗爭、訴求還延續一段時間。本註解只列記到一九八六年，是因為視政黨政治逐漸成型為新時代段落。

以上大事，以一九七九年的高雄「美麗島事件」最為突出，不可一筆帶過，茲參酌各方資料，記述大要如下：

一九七八年冬天，增額中央民意代表改選。競選活動進行到一半，台美斷交，中央政府宣布選舉中止。選舉中止後，黨外人士一方面憂慮民主選舉可能永遠中止，一方面因為認定台灣非民主化無前途可言，於是積極串聯。一份由黨外要角創辦的《美麗島》雜誌於該年八月創刊，不久各縣市分社紛紛成立，頗有以雜誌社組織形成變相組黨之勢。

當時的國民黨認為台美斷交，國步維艱，改革不容冒進，所以強硬派在黨內成為主流，對於黨外組織化，期期以為不可。

無黨籍大老吳三連受蔣經國總統和謝東閔副總統之託，出面邀集國民黨與黨外會商，筆者奉吳三連之命全程協助。會商經月，對於不要衝突，雙方都有共識，但迄未能建立互信。

十二月十日係國際人權日，美麗島雜誌社決定在高雄舉辦群眾演講，並且持火把遊行。政府當局決意強硬對待，只准演講，不可遊行。

十二月九日，兩名美麗島雜誌社義工與警方因細故發生衝突，但因全無互信，竟成隔天雙方激越之先聲。

十二月十日，政府在現場配置大批憲警和鎮暴車。美麗島雜誌社則備妥火把在扶輪公園如期舉辦演講。雙方最後衝突相向。政府事後宣稱，遊行違反事前協商，也違反戒嚴法令，不得已而鎮暴，憲警多人受傷。美麗島雜誌當局認定未暴先鎮，是政府蓄意以武力對付民主運動，且有諸般醜惡導演，民眾受傷很多。

事後第三日，政府開始搜捕「滋事份子」。其後黃信介、施明德、姚嘉文、張俊宏、林義雄、林弘宜、呂秀蓮、陳菊八人軍法審判，分判重刑。另四十餘人刑法審判，大多數也都分處不同刑期的徒刑。

事發後、審判前，同情黨外訴求和處境的國內外人士多方奔走。一般認為這些陳情對受軍法審判者減少，以及刑期減輕有所幫助。

一九八〇年，選舉恢復，受刑人家屬很多人參加選舉，大多高票當選，一般認為係人民用選票做了不同的審判。

黨外於事件後七年組織「民主進步黨」。部分已出獄的受刑人、受刑人家屬以及事件辯護律師群是組黨的主要成員。並且成為其後二十二年台灣政壇的要角。其中陳水扁當選總統，呂秀蓮當選副總統。張俊雄、游錫堃、謝長廷、蘇貞昌當到行政院長。黃信介、姚嘉文、施明德、林義雄、陳水扁、謝長廷、蘇貞昌、游錫堃都先後當過民主進步黨主席。

㉝台灣自一九九六年起實施公民直選總統。二〇〇〇係第二次直選。參加競逐的有代表國民黨的連戰、蕭萬長，脫離國民黨獨立參選的宋楚瑜、張昭雄，代表民進黨的陳水扁、呂秀蓮和獨立參選的許信良、朱惠良。最後陳呂配以百分之三九點三的得票勝出，造成台灣第一次政黨輪替。開票夜雖有部分國民黨人包圍中央黨部要求國民黨主席李登輝下台，並出現零星暴戾，但仍見和平收場。

台灣走到了二〇〇八年，政黨二次輪替。樂觀論者認為台灣人已足可自信民主之路不會回頭，爾後，參與政權爭奪的個人和政黨，勢必只能臣服於人民，使得民有、民治、民享的崇高理想，成為台灣人民顛撲不破的永恆價值。

本人對此抱持審慎的樂觀，認為假如台灣人民能夠在以下諸多課題上共同切磋，相互勉勵，孜孜矻矻，那麼台灣人民理想境界的到達，可以期待。這些課題是：

一、我們必須真正長期從事文化深耕，一方面用以不斷提升人民素質，一方面讓國家生存的根基得以深化。

二、我們必須以最大的智慧處理與美國及與中國的關係，讓美國和中國成為台灣生存發展的助力。

三、我們必須持續發展經濟，讓經濟實力成為台灣強健生存的最可靠本錢。

四、我們必須比其他國家更認真設法清理維護我們這個面積有限、人口眾多的島嶼的自然環境，讓生存的品質得以提升，讓子孫得以永續發展。

五、我們必須以相互包容、相互尊重，進而相互欣賞的善智慧，處理五大族群的和諧共榮，讓台灣的多元族群和多元文化成為台灣的資產。

六、我們必須不斷鼓舞新生一代積極奮發，讓他們勇於開創海闊天空，成為國族生生不息、不斷進步的根本。

試在以下各節中論之。

5 深耕人文

凌寅畫作《天佑臺灣》（局部）

去過歐洲大陸旅行的台灣同胞，一定一眼就可以看出，台灣沒有像早期歐洲皇室或貴族留下來的城堡巨院。到維也納參觀貝多芬㉞故居的台灣同胞，恐怕難免會讚嘆異國在十八世紀就有那麼偉大的作曲家。義大利藝術家米開朗基羅㉟的畫作、雕塑和建築至今歷歷可見，他比貝多芬還早生了三百年。

㉞貝多芬（Ludwig Van Beethoven）生於一七七〇年，逝於一八二七年。出生於德國，卻定居維也納。被稱為史上最偉大的作曲家。

貝多芬十三歲便發表第一件作品，一生創作甚豐。近三十歲時開始出現耳聾徵兆，快五十歲時全聾。全聾後的作品大大超出了以往水準。最偉大的作品在五十七歲逝世前寫出。

貝多芬的作品包括九首交響樂、十首為鋼琴與小提琴而寫的奏鳴曲和一系列弦樂四重奏、聲樂作品和歌劇作品。論者認為貝多芬的創作風格對後起之秀造成巨大影響。到維也納的遊客去參觀貝多芬故居，是對這位不世出的作曲家的禮讚。

㉟米開朗基羅（Michelangelo）生於一四七五年，逝於一五六四年。義大利人。公認是文藝復興時代最傑出的雕塑家、建築師、畫家、詩人。

一般認為米開朗基羅的傑出，源於天賦。但是受到佛羅倫斯統治者羅倫佑大公的庇蔭，以致生活無虞，得能專心創作，應為主要原因之一。

米開朗基羅的作品很多，「大衛」雕像是全世界都熟知的代表作。羅馬西斯汀禮拜堂天花板的巨大壁畫，也被認為是有史以來最偉大的藝術成就之一。

論者認為米開朗基羅的創作風格，對後起者產生很大影響。

去過中國大陸旅行的台灣人，除了欣賞壯闊的中國山川之外，一定也可以發覺中國處處古蹟、處處歷史。中國用木頭做為主要建材的大型建築大多毀於改朝換代的革命戰火，可是比鄭成功開台早一千年、早兩千年、早三千年的時候，中國已經在地面上創造了不可勝數的文化成就，如今遺蹟具在。

從海外旅行回到台灣，放眼這塊島嶼，我們會很欣慰我們今天已有高速公路網，有高速鐵路，有發達的媒體傳播，有麥當勞、大潤發，甚至於有富麗堂皇的國家音樂廳、國家戲劇院；台灣已是相當進步的國家，比地球上開發中的大部分地方，台灣已經遠遠超前。

很顯然的，台灣人民是地球上的一支勁旅㊱。我們享用了人類文明發展累積的果實。我們得以享用人類文明發展累積的果實，是因為我們台灣人勤勉，是因為我們迎頭趕上，是因為上天特別眷顧。

㊱曾兩度出任民主進步黨主席的許信良，著《新興民族》一書（一九九五，遠流出版社），列舉蒙古、滿洲、荷蘭、英國、美國、日本崛起的道理，認為這些民族因為「知道得比別人多，活動力比別人強」，所以先後崛起成為歷史上的新興民族。許著認為基於同樣的理由，可以認定台灣是正在崛起的新興民族。許著並且就新興台灣的對內政策和對外經略提出具體意見，然後斷言：如果有卓越的政治領導，如果有正確

的發展方略，可以預見台灣人民會像歷史上其他時代的新興民族一樣，在二十一世紀大放異彩。

討論台灣人民品質的文字不少，許信良的新興民族論是對台灣人民品質的最高禮讚。把台灣人民品質講得最壞的恐怕是曾任滿清廣州知府的藍鼎元。他在〈與吳觀察論治臺灣事宜書〉一文中，歷數「臺民積玩成習，每故撓法令，以試官長淺深」，「臺地訟師最多，故民皆健訟」、「臺俗好動公呈，多武舉、武進士主之，皆因以為例，非義舉也」、「臺俗豪奢」、「臺灣賭風最盛，兵

2007 年台灣高鐵的營運，使交通網更加完備。（陳輝明攝影）

民皆然」、「臺人未知學問」、「臺民未知教化」、「臺民好近官長，以為榮耀」等。可以說以偏概全地把他的「台灣同胞」講得一無是處。

李喬曾寫作《台灣人的醜陋面》（一九八八，前衛出版社）一書，歷數台灣人「甘做長不大的孤兒」，「欠缺宗教情操，信奉『賄賂一貫教』」，「太多『雞棲王』」，「有腦無漿健忘症，悲劇布偶死生由人」，「輕輕采采，不求精緻」，「殘酷自私，不具現代人德性」，「行業道德淪喪，欠缺可大可久的胸襟眼光」，最後講福建人自大、客家人自卑、原住民自棄。

李喬的見解，部分講的是一小撮台灣人令人厭惡行徑，這些人當然不是台灣人的代表。其餘部分，李喬是以一顆火熱的心，勉勵台灣男女勇於自立自強。

連雅堂的《台灣通史》，在序文中有「篳路藍縷，以啟山林」以及「洪維我祖宗，渡大海，入荒陬，以拓殖斯土，為子孫萬年之業者，其功偉矣！」等字句，寫的是冒險打拚精神。

吳濁流寫《亞細亞孤兒》，講的是台灣在國際政治中的孤立。李登輝講「生為台灣人的悲哀」指的是外來政權的欺壓。

馬英九在二〇〇八年就職演說中，提及台灣人民應該

王永慶（1917～2008）（前排中者）精神代表著勤奮的台灣人精神。（潘小俠攝影）

一起「找回善良、正直、勤奮、誠信、包容、進取這一些傳統的核心價值」，顯然是鼓舞多於寫實。

持平而論，台灣人民的平均品質也許沒有許信良講的那麼好，但像藍鼎元把政府不辦好教育、法治、治安，倒因為果的數落說詞，當然不可信服。

整體而言，相互比較，台灣人民的「勤奮」打拚精神絕對是人類中的佼佼者；「好客」、「和氣」、「堅忍」、「強調天理良心」，也是台灣人很突出的民性。

如果把台灣人放在人類歷史長河裡看，台灣人是地表上一支勁旅，是人類的初生之犢，殆無疑義。

但是，發達的現狀並不能允許我們忽視台灣缺乏文化根基的事實[37]。

[37] 一個國家假如沒有深厚的文化根基，便就沒有足夠多的典範人物和足夠高的核心價值，於是政治、經濟、社會、文化各層面都會產生亂象，人們習焉不察，以非為是，以至於整體建設發展不能呈現出紮實的面貌。

以言政治，我國政壇迄今，喜歡強調「資歷完整」，不知它與「政績卓越」大異其趣。我們的公共建設不講究慎密規劃，不知何為百年之計，各級政府喜做表面功夫；所以我們有全球最高的一〇一摩天樓，雨水下水道和污水下水道的建設卻愛做不做。我們的馬路挖了又補，補了又挖。我們的店家招牌越做越大，不會考慮颱風來時這些大招牌會傷害人民。我們的店家普遍佔用騎樓，不會考慮行人的通暢。公權力對於這些公領域一副束手無策的態度。

以言經濟，我們的工商人士之中，不少人至今相信暴利至上，把脫法、違法、避法合理化為無商不奸。我們喜歡誇耀經濟發達，黑心食品的製造和

每年的台北國際書展，展現台灣的文化競爭力。圖為 2008 書展會場（陳輝明攝影）

販售竟肆無忌憚，有時候草菅人命也不以為恥。為了一己之私利，不少人對製造公害，摀著自己的眼睛，長時間當作不存在。

以言社會，我們不太強調群己倫理，一般人總是把公安責任全部推給警察，把公義責任全部推給司法，不少人依然相信弱肉強食，適者生存。在城市裡由於缺乏親情血緣關係的連繫，守望相助成為奢侈品。

以言文化，很多人把民粹當作民主，把粗鄙當作草根，把肉麻當作幽默，把禮儀斥為繁文縟節，將品味打成假高尚。民意代表盛氣凌人，以骯髒字眼辱罵官員的時候，不知道是在自我毀損。沒有甚麼專業學問的人，也可以經年累月在電視上對所有問題都信口開河。只有激情、不學無術的人也可以在地下電台竟日滔滔不絕，還自以為替天行道。更荒唐的是還把它驕傲地當作自由百分百的特有台灣「媒體文化」。

文化根基不深厚，對國家長治久安的影響最為顯著而且深遠。舉一國典章制度為例，中華民國建國迄今已快一百年，但典章制度迄未完備。比如說現行憲法，早已不符政治發展的實際需要，但是立憲六十一年來，卻一直以「不變動本文」為最高原則。我們假如以最體貼的心情，認同所謂「牽一髮而動全身」，不利兩岸互動，那麼在增修條文時，也理當周諮博議，以求完備，但實際表現，仍見頭痛醫頭，腳痛醫腳，只是便宜行事，沒有百年大計的宏觀思維。

退而論其次，在不涉憲法的實務運營上，我們今天看到的諸般體制，亦多見參差零亂。只舉一例：中央部會首長給五十坪宿舍，次長給二十九坪宿舍，縣市長宿舍動輒三、五百坪，甚至還有健身房、游泳池。部會首長配給三千CC的座車，縣市長、縣市議長買的卻是氣缸和價位更高的座車。鄉鎮民代會主席明明未配車，假如有人用其他名目的公帑買了朋馳三五〇，也一樣招搖過市，說是無法可管。

當然，缺乏文化根基並不可恥。我們的祖先，主要是困苦的外來移民。在農業時代，農業生產工具粗陋，在並不肥沃的台灣土地上，要謀求溫飽並不容易。一些沒有土地，僅能靠大海維生的祖先，由於航海工具粗陋，所得比務農更為不如。假如無田可耕、無船可捕魚，靠著幫人做工度日，生活條件就又更等而下之。

連溫飽都不容易，哪來金錢和時間讀書？沒有讀書，知識開發就幾無可能；知識未開發，當然不會產出文化。在滿清皇朝統治台灣的二百餘年間，極少數耕種較大面積土地的所謂地主和更少數考取功名的人物，他們的子孫，最多只是讀讀中國移入的四書五經。日本據台中期的一九二〇年代以後，台灣人之中的少數幸運者到日本留學，算是台灣人第一次接觸世界文明。一九五〇年以後，國民黨政府開始普及國民教育，六十年代以後，台灣努力發展大學教育，並且開始有較大數量的出國留學和知識移入，逐步培育出各類菁英；這個時間，前後還不到一百年。

文化是智慧的結晶，當文化的多元、包容、美麗、公義，逐步內化為人群的共同價值，便見國民素質的提升；國民素質不斷提升，才使得一個國家得以凝聚深邃的內在力道和外在的美好容顏。

發展文化的價值，無可置疑，所以國民黨政權早在七十年代就高倡文化立國，可是一方面因為國家財政力量尚在累積的初步階段，一方面因為習慣口號政治，所以投入極為有限。二〇〇〇年政黨輪替後，新上台的民進黨政權，儘管在競選的時候即以成立文化部為第一部號召天下，八年之後下台的時候，文化部連影子也沒有。以行政院文化建設委員會為文化施政主要機構的諸般作為，比諸國民黨執政時期，也未見進步。

文化是少數菁英的智慧結晶，提供全民共享，然後作用於提升國民整體素質；如何鼓勵創意，如何提供共享，如何作用於國民素質提升，便是政府文化施政的三大要目；這其中有各級政府預算的合宜分配、有激發智慧的獎勵措置、有硬體建設、有賦稅政策，還有典範的肯定和推崇。

優異的文化必須植根於民族的特有土壤，但發展的方法放諸四海而皆準。今日台灣，對於文化的價值，不分黨派已無爭議，真正要發達文化，只缺少政府領導人的決心。

6 牽台灣之一髮，動世界全局

凌寅畫作《天佑臺灣》（局部）

一九九六年，台灣開辦公民直選總統，一般認為從此以後，大概只有所謂「本省人」才可能當選台灣總統。二〇〇八年，所謂「外省人」的馬英九搭配「本省人」的蕭萬長當選中華民國第十二任總統，諸多輿論認為從此以後，統獨和族群不再成為台灣內部的爭辯課題。

這顯然是過度樂觀的論說。台灣做為一個國家，迄今未受到國際社會公平對待；中華人民共和國佈置了一千多顆飛彈對準他聲稱擁有主權的台灣；美國聲言採行「一個中國」政策，對他擁有重大軍事和經濟利益的台灣，卻另以「台灣關係法」[38]維護這個既有「勢力範圍」。只要以上這三種情況持續不變，台灣做為一個主權獨立國家的存在，就不可能高枕無憂，台灣的國家奮鬥，就還要走一段漫漫長路。

㊳美國與中華民國於一九七八年十二月斷交，同時與中華人民共和國建交，這是中華民國國際關係的巨變。

基於美國在台灣擁有巨大利益，於是美國國會訂定了《台灣關係法》，視台灣為「準友邦」，為「事實上國家（De Facto State）」，為「事實政府（De Facto Government）」，以維護美國利益，並協助台灣人民生存發展。

此一美國國內法於一九七九年一月一日生效。三十年來，美國遵行不誤，且隨時不斷聲言繼續遵行。《台灣關係法》全文見卷末附錄。

美、中、台三方關係，從一九四五年迄今，已經糾纏了六十三年。一九四五年之前，台灣是日本的殖民地。第二次世界大戰結束，無條件投降的戰敗國日本當然要放棄台灣，那時候蔣介石政權還沒有被毛澤東打敗，等到毛澤東於一九五〇年開國北京，蔣介石已經帶領兩百萬軍民重新在台灣立足。美國一直認為台灣地位迄今未定，蔣介石在一九四五年只是代表盟軍接收台灣㊴，但是即使不採國民黨政權界定的「台灣光復」，在國際上，「有效佔領」和「有效統治」也是國際法上的一項準則。

㊴一九四五年第二次大戰結束，日本無條件投降，國民黨政權認為台灣係依據「開羅宣言」歸還中國，所以稱為「台灣光復」。持反對論者確認為當年蔣介石的代表何應欽僅係奉盟軍統帥麥克阿瑟將軍之命代表盟軍受降，是對投降敵軍佔領地進行暫時性的軍事接管。當時戰後國際和約尚未簽訂。一九四九年六月麥帥曾向國民黨政府提出希望把台灣交盟軍總部或聯合國託管，但被拒絕。一九五〇年六月韓戰爆發，同月二十七日美國杜魯門總統發表「台灣法律地位未定論」，聲明「台灣包括澎湖將來等待太平洋恢復安全或聯合國商議後再做決定」。一九五一年九月同盟國對日和約於舊金山簽訂，合約第二條為「日本放棄對台灣澎湖之一切權利及請求權」，未對台澎之歸屬有任何著墨。

一九七八年中華人民共和國與美建交，中華民國與美斷交，美國制定國內法——《台灣關係法》，以「台灣統治當局」稱呼台灣政治實體的統治者。二〇〇四年美國國務卿鮑爾（Colin Powell）聲明「台灣並未獨立，它並未享有如同國家般的主權」。二〇〇七年美國國安會主任韋德寧（Denis Wilden）聲明「台灣或中華民國在國際上不是一個國家」。凡此種種，可見相關台灣地位認知之分歧。如再加上中國「一個中國」的強硬主張，具見國際角力之複雜。

反觀台灣內部，對台灣的政治未來，大分有三種不同的民意：一是主張台灣必須獨立建國。他們不承認中華民國擁有台灣主權，認為台灣人民可以依據聯合國於一九六六年通過的「人民自決權」舉辦公民投票建立台灣國；二是認為台灣現在已經是主權獨立國家，現在的國家名稱叫中華民國，因此台灣沒有獨立問題，只有正名和制憲問題；目前民主進步黨持此主張；三是，對台灣的歸屬保留彈性，但必須經由二千三百萬人決定。二〇〇八年總統改選時，代表國民黨參選的馬英九，對原有的「終極統一」黨綱，公開向選民提出了此項修正。

應該注意的是，以上三項不同見解，都往建立「台灣主體性」合流。

如果以實際情況做為觀察解析台灣前途的最主要考量，事實上現在是台灣兩千三百萬人自己定期改選的國家領導人在治理台灣，並且有自己的國防、自己的終審法院，外加定期改選的國會和充分的言論自由。遺憾的是來自中華人民共和國的併吞威脅未解除和迄未得到國際社會公平對待。

為了讓讀者更清楚了解這種情勢的轉變過程，以下引用戴寶村博士在《台灣政治史》（書上所做的整理，由本人以條列方式併入本註解）：

- 國民黨的國家定位變遷，始於李登輝總統主政之後。一九九一年李登輝於國統會宣誓以「一個中國、兩個政治實體」的創造性模糊空間，進行兩岸交流與對話。
- 一九九三年李登輝提出「中華民國在台灣」，強調對台灣「生命共同體」的認同與「中華民國在台灣的生存發展」。
- 一九九六年李登輝再度調整對國家狀態界定的表述，強調「中華民國的主權及治權只及於台澎金馬地區」，向外界傳達限縮主權範圍的理念。
- 一九九七年李登輝透過國外媒體向國際宣示「台灣（中華民國）是一個主權獨立國家」。政府部門也開始調整國家名稱的表述方式為「中華民國台灣」。

- 一九九九年李登輝接受「德國之音」訪問，明確提出「已將兩岸關係定位在國家與國家，至少是特殊國與國關係」，徹底顛覆國民黨大陸政策既有論述，也形同宣告「一個中國」原則的放棄。

至於在民主進步黨這一方，在一九八六年建黨以前，「住民自決」是基本主張。之後：

- 一九九〇年第四屆二中全會通過「一〇〇七決議文」，明確表達我國事實主權不及於中國大陸及外蒙古，「我國未來憲政體制及內政、外交政策應建立在事實領土範圍之上」的立場。
- 一九九一年通過一般所謂的「台獨黨綱」，主張「建立主權獨立自由的台灣共和國」。
- 一九九九年通過「台灣前途決議文」，強調「維持獨立現狀」，只有在「現狀更動」的情形下才需要公民投票。亦即公民投票從一種積極的建國工具，轉而成為維護獨立現狀的防禦工具。

二〇〇〇年政黨輪替後，取得政權的民主進步黨，在執政末期推動正名制憲以及「以台灣名義加入聯合國」，未及實現，旋於二〇〇八年下台。又重回執政的國民黨重新主張「一個中國就是中華民國」，但同時公開宣示「台灣前途必須由兩千三百萬人民決定」。

中共在還沒有打入北京城以前，公開主張台灣在二戰結束後，應當跟朝鮮一樣，獨立建國。蔣介石政權遷移台灣後，中共一改舊主張，變成一定要「解放台灣」。二戰後的東西方冷戰歲月，台灣成了美國對付共產世界的橋頭堡，從此中共更堅定了「國家統一」的心意。

弔詭的是，在蔣介石時代，「國家統一」也是台灣的主張。從事台灣獨立運動的人，在當時被認為是和共產黨一樣的賣國賊，是中華民族的敗類。在那個高壓時代，台灣的監獄關了不少「台獨分子」，海外主張台灣應該獨立建國的人，上了黑名單，回不了自己的家鄉台灣。

一九七二年是美、中、台三方關係的一個分水嶺，那一年，中華民國在聯合國的席位被中華人民共和國取代。一九七八年美、中、台三方關係又走到另一個交叉口，那一年中美建交，台美斷交，中美「關係正常化」，台美進入「關係不正常化」的歷史新階段。

台美斷交隔一年，「美麗島事件」發生。又隔一年恢復中央民意代表選舉以及再過一年舉辦地方公職選舉的時候，黨外人士獲得台灣人民大規模的支持，台灣與中國割離的政治主張成為巨大的聲浪。演變到一九八七年解除戒嚴，一九九六年公民直選總統，美、中、台三方關係又進入另一個全然不同的歷史進程。二〇〇〇年，主張台灣獨立建國的民主進步黨經由大選贏得政權，此時，美、中、台三方關係再一次質變，注入了與過去任何時段全然不同的內涵。

二〇〇八年國民黨重掌政權，然而，二〇〇八年的國民黨已經不是過去那個要反共復國的國民黨；一九七八年開始採行鄧小平政策，花了三十年「改革開放」的中華人民共和國已經不是早年不受國際規範的共產政權；美國仍然是世界超強霸權，但是這個超強霸權隨著歐盟和中國崛起，他已經不可能再百無禁忌，為所欲為。

當然，我們也必須檢視，台灣是不是還是原來那個台灣？

答案很明顯：台灣當然也已經不是過去那個台灣。由於已經建立了民主政制，台灣的主要政黨如今都已經公開宣示：台灣的前途必須由兩千三百萬台灣人民決定。

採行「一個中國政策」的美國，真的希望兩岸一統？當然不是；因為美國盤算那明顯不符合美國利益。而且，在可預見的未來，美國絕對還有實力捍衛他的國家利益。尤其必須注目的是，在中國逐步成為軍事強權後，美中關係也可能經由量變，生出質變。上個世紀末高唱的「戰略夥伴」調子，可能成為絕響。

對「世界上只有一個中國」絕不鬆口的北京當局，在改革開放發展經濟和平崛起之後，理當維持和平繼續發展經濟，或者情願冒犯國際，摧毀台灣？事實告訴我們：在中華人民共和國那邊，在八二三炮戰[40]之後，從鄧小平到江澤民到今天的胡錦濤，都保持冷靜的思慮，「和平」二字不離口[41]。中華民國台灣這邊變化不少，幾番轉折後，今日我政府也以冷靜呼應了這種冷靜，「共創雙贏、和平共榮」成為處理兩岸關係的最高方針㊷。

㊵一九五八年八月二十三日，中共下令福建炮兵開始炮擊金門，接連四十四天，金門落炮四十餘萬發。美台在韓戰發生後訂有《中美共同防禦條約》。該條約並未提及金門、馬祖二鄰近中國大陸外島的防禦。但炮戰發生後，美國提供了補給協助、提供了新大炮，並派遣戰鬥機和勝利女神飛彈營進駐台灣。其後發生的空戰，台灣也使用了美國新戰機，獲得大勝。中共後來由每日炮擊改為「單（日）打、雙（日）不打」，直至一九七八年十二月十五日後全面停打。前後四十四天。

在金門炮戰後，美國國務卿杜勒斯與蔣中正總統在該年十月二十三日發表的聯合公報中，美國明言反對台灣以武力反攻大陸。另外，在「台灣問題」因為金門炮戰國際化後，中共當局重新檢討對台政策，認為讓台灣擁有金門、馬祖，才可不切斷兩岸相連的臍帶。

金門炮戰對其後的美、中、台三角關係，顯然產生巨大衝擊。

八二三勝利紀念章。（莊永明提供）

41 中華人民共和國建政之前三年，台灣發生二二八事變。事變之後第九天，中共在機關報——《解放軍報》上聲明支持台灣獨立。

一九五〇年中共開國北京時，在內戰中失敗的蔣介石已重新在台灣立足，並高唱反攻大陸，於是中共開始宣稱解放台灣。其後續發展，整理如下：

- 一九五五年十一月，中共總理周恩來在全國人民代表大會常務委員會議上首先提出：中國人民解決台灣問題有兩種可能的方式，即戰爭的方式和和平的方式，中國人民願意在可能的條件下，爭取和平的方式解決問題。
- 一九七九年一月一日，中共全國人民代表大會常務委員會議發表〈告台灣同胞書〉，宣告中共「和平解決台灣問題的大政方針」，希望兩岸就此結束軍事對峙進行商談，並表示統一後，一定「尊重台灣現狀和台灣各界人士的意見，採取合情合理的政策和辦法」。
- 一九八一年九月三十日，中共全國人民代表大會常務委員會委員長葉劍英發表談話，說明解決台灣問題的方針政策，表示「國家實現統一後，台灣可作為特別行政區，享有高度的自治權」，並建議由國共兩黨對談。
- 一九八二年一月十一日，中共頭目鄧小平就葉劍英之談話提出「一國兩制」名詞，還指明「國家主體實行社會主義制度，台灣實行資本主義制度」。
- 一九八三年六月二十六日，鄧小平進一步提出將來設置「台灣特別行政區」的政策。
- 一九九二年十月十二日，中國總書記江澤民再談國共兩黨應儘早接觸談判統一，並表示在商談中，「可以吸取兩岸其他政黨、團體和各界有代表性的人士參加」。

- 一九九五年一月三十日，江澤民代表中共中央和國務院發表新春對台講話，提出八點有關「現階段發展兩岸關係推進祖國和平統一進程的若干重要問題」的看法和主張。這個後來廣泛被稱為「江八點」的講話，首先表明堅決反對台灣獨立，重提一國兩制方針，然後闡明八點如下：一、堅持一個中國的原則，是實現和平統一的基礎和前提；二、對於台灣同外國發展民間性經濟文化關係，不持異議；三、進行海峽兩岸和平統一談判，是中共一貫主張；四、努力實現和平統一，中國人不打中國人；五、面向二十一世紀經濟的發展，要大力發展兩岸經濟交流與合作，以利於兩岸經濟共同繁榮，造福整體中華民族；六、中華各族兒女共同創造的五千年燦爛文化，始終是維繫全體中國人的精神紐帶，也是實現和平統一的一個重要基礎；七、兩千一百萬台灣同胞，不問是台灣省籍還是其他省籍，都是中國人，都是骨肉同胞、手足兄弟；八、中共歡迎台灣當局的領導人以適當身分前往訪問；中共也願意接受台灣方面的邀請，前往台灣。
- 二〇〇五年，在野的國民黨主席連戰和親民黨主席宋楚瑜先後訪問中國，與中共新國家主席胡錦濤會談。之前，中共人大會通過了《反分裂國家法》，連胡會和宋胡會，會後都強調兩岸和平發展。
- 二〇〇八年，中華民國第十二任副總統當選人蕭萬長在海南島博鰲論壇上舉行蕭胡會，蕭萬長提出兩岸「正視現實、開創未來、擱置爭議、追求雙贏」的訴求，胡錦濤正面回應，並於十七天後以「建立互信、擱置爭議、求同存異、共創雙贏」做為再回應。

● 二〇〇八年五月二十日馬英九就職演說，向中共再呼籲共創和平共榮，三天後中共海協會會長陳雲林代表中共中央，再作了善意回應，但當然不會遺漏終極統一的訴求。

必須特別在本註解記明的是，二〇〇五年三月十四日，中共人大通過《反分裂國家法》。該法全文以「和平發展」為第一核心，第二核心是第八條——必要時「國家得採取非和平方式及其他必要措施，捍衛國家主權和領土完整」。

此法通過後，美、日和歐盟都表遺憾，反對或直指不幸。在台灣內部也造成極大反彈。連、宋兩位主席在該法立法後訪問中國，世界輿論有一見解，認為係中共為緩和西方社會的反對，而採取的對應。

對《反分裂國家法》的意義，主要有三種差別很大的看法：一是認為中共挑釁，意圖單方面改變海峽兩岸分立分治現狀；二是認為中共必須把大部分心力花費在國內問題的解決之上，所以以立法方式劃一道預防法理台獨的紅線，省得回應不休；三是，此法等於承認兩岸互不隸屬之現狀，只有在台灣要法理台獨時才會出以「非和平方式及其他必要措施。」

《反分裂國家法》全文見卷末附錄。

㊷ 在海峽這岸，先後歷經蔣中正、嚴家淦、蔣經國、李登輝、陳水扁、馬英九六位總統。

在蔣中正總統時代，兩岸政策是反攻大陸、反共復國，基本上是國共內戰延續，視中華人民共和國為「匪偽政權」。嚴家淦過渡期間，未做變革。

在蔣經國總統時代，兩岸政策先是反共復國，後來改為「三民主義統一中國」，但「不接觸、不談判、不妥協」的堅持依舊。

在李登輝總統時代，先是訂定《國家統一綱領》，設立「國家統一委員會」。到後期改為「特殊國與國關係」，強調中華民國與中華人民共和國互不隸屬。

在陳水扁時代，先是在二〇〇〇年宣稱「四不一沒有」（即：只要中共無意對台動武，本人保證在任期內，不會宣布獨立，不會更改國號，不會推動兩國論入憲，不會推動改變現狀的統獨公投，也沒有廢除國統綱領和國統會的問題）。並且宣稱兩岸應「秉持民主對等原則，在既有基礎上，以善意營造合作的條件，共同處理『未來一個中國』的問題。」可是不久之後，陳水扁總統即宣稱一邊一國。二〇〇四年連任後，宣稱「中華民國在台澎金馬存在的事實，不容許任何人以任何理由加以否認」，「二〇〇〇年所揭櫫的原則和承諾（指四不一沒有）未來四年不會改變，並將進一步成立『兩岸和平發展委員會』，擬訂『兩岸和平發展綱領』，以共同策進兩岸和平穩定、永續發展的新關係」。迄卸任為止，委員會並未成立，綱領並未擬訂，在任期間最後兩年，陳水扁總統推動正名，制憲。最後一年並推動「以台灣名義加入聯合國」。

馬英九在就職演講中，兩岸政策做了很大調整，照錄相關說詞如下：

「英九由衷盼望，海峽兩岸能抓住當前難得的歷史機遇，從今天開始，共同開啟和平共榮的歷史新頁。我們將以最符合台灣主流民意的『不統、不獨、不武』的理念，在中華民國憲法架構下，維持台灣海峽的現狀。一九九二年，兩岸曾經達成『一中各表』的共識，隨後並完成多次協商，促成兩岸關係順利的發展。英九在此重申，我們今後將繼續在『九二共識』的基礎上，儘早恢復協商，並秉持四月十二日在博鰲論壇提出的『正視現實、開創未來、擱置爭議、追求雙贏』，尋求共同利益的平衡點。」

「未來我們也將與大陸就台灣的國際空間與兩岸和平協議進行協商。台灣要安全，要繁榮、更要尊嚴！唯有台灣在國際上不被孤立，兩岸關係才能夠向前發展。」

「兩岸不論在台灣海峽或國際社會，都應該和解休兵，並在國際組織及活動中相互協助，彼此尊重。兩岸人民同屬中華民族，本應各盡所能，齊頭並進，共同貢獻國際社會，而非惡性競爭，虛耗資源。我深信，以世界之大，中華民族智慧之高，台灣與大陸一定可以找到和平共榮之道。」

「英九堅信，兩岸問題最終解決的關鍵不在主權爭議，而在生活方式與核心價值。」

綜合以上記述，本人以最淺白的文字，扼要解析如下：

- 兩蔣堅持代表中國法統，配合東西陣營對峙，以拖待變。
- 李登輝在權力未穩固的初期，以「統一」為表，待權力穩固後轉變到強調兩岸兩國互不隸屬。
- 陳水扁在美國壓力下強調「四不一沒有」，但大部分的時間以「四不一沒有」有一個「只要中共無意武力犯台」的前提，斥責中共不斷增加配置對台飛彈，並不斷強調台灣是一個主權獨立的國家。

● 到了馬英九，回復到「九二共識、一中各表」和「兩岸同屬中華民族」，但認為兩岸生活方式和核心價值大不相同，所以兩岸應該維持「不統、不獨、不武」的現狀。至於未來，世界很大，華人智慧很高，一定可以找到「和平共榮」的辦法。

「一中各表」，其實就是雙方默認「現在一中兩國」。之所以有「共識」，就是中共擷取「一中」，台灣擷取「各表」。「兩岸同屬中華民族」，講的是「大家本來是兄弟，未來仍然是兄弟」。至於「和平共榮」是很模糊的表達兩岸分立、和平相處、互利互惠，再看看將來怎麼整合（或稱統合）的意念。

不可不注意的是，馬英九雖然講「兩岸同屬中華民族」，在同一演講中，馬英九也強調「台灣精神」。他說詞全文如下：

「盱衡時局，環顧東西，台灣擁有絕佳的地理位置、珍貴的文化資產、深厚的人文素養、日漸成熟的民主、活力創新的企業、多元和諧的社會、活躍海內外的民間組織、遍佈全球的愛鄉僑民，以及來自世界各地的新移民。只要我們秉持『台灣精神』，善用我們的優勢，並堅持「以台灣為主，對人民有利」的施政原則，我們一定可以將台澎金馬建設為舉世稱羨的樂土、我們引以為傲的美麗家園。」

很顯然地，馬英九做為一個兩千三百萬台灣人民選出來的國家領導人，他開始在「中華民族」和「台灣主體」之間尋求交集點；希望這個交集點能夠有利於兩岸和平，有利於中華民國在台灣的永續生存發展，同時又從台灣內部各種不同政治立場的選民中爭取到最多數的支持。

二〇〇八年五月二十八日，中國國民黨主席吳伯雄在北京與中國共產黨總書記胡錦濤舉行會談，雙方都言必稱「中華民族」，而不提「一個中國」或「一中各表」。支持兩岸和解的人認為自一九四五年蔣中正與毛澤東會晤以來的另一次兩黨領導人會晤，饒具和平意義。不希望台灣被中國地方化的人，則對兩黨握手言和之後的可能變化憂心忡忡。

總結而言，歷史一頁一頁的翻過，下一頁、下二頁、下面無數頁，寫的是什麼？或者根本空白？吾人無可預知；不過，其鐵律是，關於歷史，寫好的可以改寫，空白的待您填寫。

即使北京當局失去了冷靜思慮，不計代價，決意不惜摧毀台灣，完成「祖國統一」，台灣就會那麼容易被摧毀？答案也不是。理由有四：一是台灣有一定的防衛實力；二是台灣有一定的經濟實力；三是台灣人有當家作主的強烈心願；四是台灣的背後有一個軍事霸權——美國。

論述至此，一個命題就會清晰浮現：事實上已是主權獨立國家的小小中華民國台灣，如何在美國和中國兩大之間優為周旋，讓美國願意繼續與台灣維持密切安全關係，讓中國沒有摧毀台灣的必要，而且台灣又能在穩定和平的美好環境下繼續謀求國家發展？

本人提供的答案是：台灣的領導人和外交家應該在不減損國格的堅持下繼續讓美國保有他在台灣的軍事和經濟利益，以換取美國協力台灣的安全；但是台灣要十分小心，不要讓自己變成中國的古巴。

同一時間，台灣的領導人和外交家應該協同台灣的企業家，在不減損台灣國格的堅持下，讓中華人民共和國在台灣獲取一定程度的利益；這些利益，有實質的部分，也有體面的內涵；國際因素和各種利益加起來的總和，讓中共政府和人民充分體認到，讓隔壁這個不可侮的小兄弟分立存在，更符合他們國家的長遠利益[43]。

[43] 在中國歷史上，所謂國家版圖，事實上時大時小。在史冊上，當中國國力強盛的時候，不時出現東征、西討、北伐、南靖之類的戰爭。當中國國力衰退的時候，邊防上防守戰爭不斷。元、清兩朝代，尚且係外族入侵統治。遠的不說，僅以最近幾百年來看，今天的南北韓、外蒙古、越南，也都曾經劃入中國版圖。
至於大一統的中國，其實也只佔中國歷史的少數時段。中國歷史上的多數時間，現在中

華人民共和國所轄版圖內，常同時存在多個獨立政權。

不可否認的是，在中國，志在史冊留下令名的最高統治者，都以擴大版圖為榮，以丟失版圖為恥。歷史家秉筆直書時，根據的標準亦乎如此。也是由於這種歷史觀和政治觀，今日統有中國大陸的北京當權者，不會輕易鬆口對台澎金馬的領土主張。

更進一步剖析南北韓、外蒙古、越南脫離中國的緣由，可以發現，一受國際關係的宰制，二因相互國力的消長，三是彼此族群文化的歧異。以之比對今日兩岸，就國際關係宰制而言，台灣牽涉到美、中、日的軍事、經貿利害；就兩岸相互國力的消長而言，在中國崛起以前，台灣顯得短小精悍，在中國崛起後，台灣短小精悍依然；就彼此族群文化歧異而言，兩岸雖然血緣近同、語文近同，但台灣人不做大國邊陲的主體意識高漲，而且政治制度已生重大差距，則是不爭的事實。

前一註釋已詳細說明，由於過去兩岸分立，台灣憑藉其在不同政經體制下累積的經濟力，對中國的改革開放提供了巨大的幫贊，台灣也相對從中國的改革開放獲取了可觀的經貿利益。

過去二、三十年來的兩岸經貿互動，應該足以激發兩岸政治家的善智慧。放眼未來，中國理當繼續發展經濟，台灣也理當在全球佈局的大策略中，仍以最鄰近的中國大陸做為全球佈局最近便的首要目標。循此邏輯往下推衍，兩岸繼續維持分立狀態，相互崇尚和平發展，就變成最理性結論。

隨著台灣在二〇〇八年再次政黨輪替，胡錦濤和蕭萬長在四月博鰲會晤時，以及稍後胡錦濤和連戰在北京會晤時，雙方「擱置爭議、共創雙贏」的共識浮出檯面。「擱置爭議」的最核心當然是擱置主權及統獨爭議，「共創雙贏」當然應該是「共存共榮」的同義詞，否則便是空口白話。

本註釋的最後，自然就觸及了台灣人民意欲當家作主，不做大國邊陲，所以不可以放棄台灣主權的情況下，「台灣如何以智事大?」或者「中國如何以仁事小?」的最後命題。

國際上研究此一命題的學人專家不少。有人一口咬定小台灣終將被大中國併吞，有人推斷共產中國必將崩潰，也有人希望看到兩岸和平共存。近年來，在美國有一股力量要求美國政府應該檢討不合國際公義的「一個中國政策」。

所有真正偉大的歷史人物都追求人類和平，這應該是對台灣人民的一項永恆啟示。

因此，筆者認為，我們應該在「力求和平而不敵對」以及「台灣人確保主權」這兩個最高指導原則下，以厚植的實力，周旋中共。

本人相信有朝一日，中共一定會發現，唯有放棄你死我活、窮兵黷武的舊思維，尋求全新的架構，才能終結兩岸糾葛，並且替他們一舉解決西藏、新疆的麻煩，以及「五十年不變」到期以後的香港和澳門持續繁榮發展的難題。

同一時間，台灣必須向全球開放，讓台灣成為各國利益匯集的「世界島」，讓「牽台灣之一髮、動世界全局」成為台灣長治久安的「護身符」。

本人希望國人同胞相信：

——追求和平才符合台灣的最高利益。

——務實但不卑不亢才是台灣的最大尊嚴。

——歷史留下來的難題，必須耐心讓時間幫忙化解。

——只要台灣人堅持當家做主，只要台灣能夠在政治民主和經濟發達上長保健全的體質，只要台灣的防禦武力能夠讓入侵的國家必須付出致命的代價，假以時日，台灣一定能夠等到國際社會的公平對待。

關於爭取國際社會的公平對待之道，本人要在此重提「行善全球」的思維。在一九九六年，本人發表的《跨世紀台灣建設論》一書上，本人曾建議政府和國人同胞，以行善全球為台灣積累福報。該段文字如下：

假使我們能持續善用台灣的財力，我們在國際社會將會獲得既可觀又可敬的後福。

筆者具體的建議是：在這個地球上仍有許多飢餓、災難、愚昧的角落，假如我們提出大約五十億美元成立一支足夠規模的「台灣慈善世界工作團」；這個工作團有自己的飛機、船舶、車輛、相關配備和足夠人手，逐年另行投入的經費，使他們可以隨時在必

2008 年四川大地震，政府及民間紛紛出動協助救援。圖為紅十字救援隊深入四川災區情景。（中華民國紅十字會提供）

要的時候迅速到達地球上不幸的地方，以具體的行動，展現台灣人民不求立即回報的慈善救援，讓飢餓的人得到食物，讓災難的創傷得以復原，讓愚昧的人群得能開化，台灣將成為二十一世紀舉世尊敬的國家。

慈悲無敵！因為因果是一種科學律。政府假使能夠學習「慈濟經驗」，以國家的大力量對人類整體慈悲為懷，愛心廣被，日久將自然積累出一種沛然莫之能禦的回報，造就台灣人民最大的幸福。

這是本人十二年前的見解，現在回過頭去看，依然新鮮；十百年後看，應該可以依舊堅持。

7 經濟是台灣生存命脈

凌寅畫作《天佑臺灣》（局部）

台灣自浮現世界舞台開始，就是一個國際貿易島。四百年來，生產和輸出一直是台灣的生存命脈，也是台灣價值之所在。

每一個時期，台灣都有主體產業，主體產業支撐台灣人民的生存㊹。

㊹ 綜合各種資料，台灣在與世界貿易接軌之後，四百年來曾經先後出現鹿皮、樟腦、蔗糖、稻米、茶葉、紡織品、電子、晶圓等等主體產業。目前，我國的光碟片、IC封裝、晶圓代工、無線區域網路、玻纖布、ABS樹脂等產品，都居世界領先地位。

● 台灣在荷蘭人佔領台南的時候，台灣原野上梅花鹿到處奔跑。鹿皮是製造胄甲的最好材料，所以荷蘭人大量撲殺，割取鹿皮出口，獲取利益，但其數量，找不到可靠記載。

●蔗糖在一九六〇年以前一直都是世界奢侈品。荷蘭人在佔領台南後，曾從福建引進甘蔗品種，以及農具、農畜、農工，試圖大量種植，但成果有限。台灣的蔗糖經濟主要在日本據台後，引進資本家和新型製糖廠，並自南洋、夏威夷引進新品種才開始成為一大產業。日本殖民當局還以壓低原料甘蔗收購價格以及關稅優惠，圖利日本廠商。台灣的蔗農雖然只得到有限收益，但殖民政府卻大有斬獲。據林鐘雄教授在《台灣經濟經驗一百年》（一九九八年・林鐘雄出版・新學林出版公司託銷）一書的記述，一九三六—三七年產量超過了一百萬公噸，是日本據台初期的八百九十倍，其後的大部分年份，蔗糖出口都在台灣每年出口貿易金額的一半以上。

糖業是日治時期重要經濟產業。圖為 1912 年台灣製糖公司的廣告。（遠流資料室）

●台灣早就生產稻米，日本據台後以「工業日本、農業台灣」為政策，對如何在台灣大量生產稻米著力甚多，日本殖民當局大興水利以增加灌溉面積，讓部分水田由每年一熟變成二熟。還從日本引進品種再改革成蓬萊米。同樣根據林鐘雄教授的記述，在一九三〇年代，台灣稻米產量比據台初期增加百分之二百四十以上，一九三八年甚至於盛產達據台初期的百分之四百五十七，對日出口達三分之一以上，其出口金額僅次於蔗糖，居第二位。

必須附記的是，台灣產米，但日據時期大部分台灣人吃不起自己生產的好米，台灣人之中比較寬裕的吃南洋進口的較低品質廉價米。一般人家吃一部分麵，吃最多的是甘藷。

● 台灣在日本據台前三十年，就已經開發了茶葉產業，曾經一度是台灣最主要的出口品。由商船運至廈門，再從廈門轉運出口。日本據台後，曾經進行品種改良、擴大種植面積、改進製茶技術，產值也有可觀增加，但在糖米產業發達後，茶葉產業相形見絀。台灣茶葉至今仍是好產品，只是已不佔對外貿易重要分量。

● 樟腦是台灣的特產，產業曾佔世界百分之九十。清朝劉銘傳治台時曾把樟腦與硫磺併

高雄橋仔頭製糖廠。（莊永明提供）

台灣農村一景。（遠流資料室）

樟腦產業主要分布於中北部山區，圖為中部山區的樟腦寮。（莊永明提供）

歸樟腦磺總局官營，盛極一時。但在化學品研發後，天然樟腦的用途被取代，不再具有貿易分量。

- 第二次世界大戰後，遷台的國民黨政權開始在和平環境下、在原有的糖米經濟基礎上，有計畫地發展工業，五十年間，台灣不斷產出「世界第一」的產品。目前，晶圓產業具世界龍頭地位。一九九八年九二一地震時，台灣晶圓廠有否受損成為舉世關切的焦點。

回首台灣經濟發展的過程，探究未來台灣經濟發展的方向，是這一節論述的重點。

在日本帝國殖民台灣的中期以前，幾百年的台灣經濟，其實就是農業經濟。日本帝國殖民中期以後開始發展一些輕工業，但有限的成果隨即毀於第二次世界大戰戰火。一直到國民黨政權遷台、韓戰爆發、美國協防台灣、東西方冷戰局勢大致底定的一九六〇年代，台灣才開始從頭發展工業經濟。

第二次世界大戰結束後，美國為了本身的長遠利益，開始實施援外計畫，台灣在受惠之列。根據台灣經濟發展史料，在為期十年的美援停止之前，台灣的活存，靠的就是美援，外加佔出口量平均百分之五十六的砂糖和平均百分之十三的食米來辛苦撐持。一九六〇年台灣人均所得一百五十四美元，比第三世界人均所得二百五十美元還低，可見當年匱乏之一斑。

一九六五年高雄建立了第一個加工出口區。美、日兩國資本由於特殊的政治因緣在其後二十年間大量進入台灣，提高了就業率，提高了出口貿易金額，加上國內民族工業同步發展，台灣在一九八〇年，人均所得終於提升到二千美元之水準。

生產機械主要來自日本，出口市場主要鎖定美國，使得我們對美國的貿易有了大量出超，使得我國對日本貿易生出大量入超，形成一時政治交涉的難題。

地球村逐漸形成，台灣又是一個出口導向經濟的國家，國際上風吹草動對台灣都造成影響。另一方面，人均所得到達二千美元，內部的勞工、環保、民主參與問題就必然隨之一一出現，於是自一九八〇年起開始，台灣企業開始有了到東南亞國家投資的動機和能力。同樣在這一段時間，台灣貿易商人奔走三洋五洲，使得我國的對外貿易逐年不斷上升。

時序前進到一九九〇年代，由於兩岸局勢的變化，台灣企業轉而開始大規模進入中國大陸。二十年間，兩岸貿易的大幅增長，根本改變了台灣的國際貿易結構㊺，兩岸政治關係風吹草動，也隨時影響兩岸經貿關係的發展。

㊺兩岸進出口貿易自台灣解除戒嚴和中共改革開放後，開始逐年大幅成長。下頁圖表為自一九九三年到二〇〇七年的統計表，十五年間貿易額成長九十倍。（本表取自經濟部國貿局網站，單位美元。）

中國的改革開放，從台灣得到大量的資金挹注，這是不爭的事實。台灣內部對台灣經濟過度受制於中國大陸的政治和市場，大分有兩種不同的看法：一種看法是兩岸地理鄰近，文化同源，台灣應該義無反顧地從中國大陸獲取經濟利益；另一種看法可說相反，他們認為經濟發展過度依賴任何單一國家都不好，何況是過度依賴與台灣政治敵對的中共？他們認為過度倚重中國大陸市場，無異飲鴆止渴，有朝一日必將噬臍莫及。

國際觀點或許也有參考價值，不管美國、日本或者歐盟，他們都表示樂見兩岸和平、合作，不斷的相互開放再開放。

本人認為，兩岸地理近便所帶來的經濟利益，台灣的企業人士沒有理由輕言放棄。假如兩岸的密切經濟關係能夠替兩岸人民帶來生活水平的不斷提升，尤其符合人民至上的道德律。至於政治風險，兩岸的政治家們理當責無旁貸地去尋求避免之道；因為兩岸和平發展才真正符合兩岸朝野的最大利益。

中華民國進出口貿易值表	
報表名稱 :FSC3030R 貿易值表	列印日期 : 2008/9/30
報表內容 : 含復運資料	查詢期間 : 1993 年至 2007 年
國家（地區）: CN- 中國大陸（CHINA）	單 位 : 美 元
貨品號列 : 全部貨品 - 全部貨品 Total	

年（月）別	貿易總值（含復運資料）		出口 + 復出口		進口 + 復進口		出（入）超值（含復運資料）	
	金額	增減比 %（同期）	金額	增減比 %（同期）	金額	增減比 %（同期）	金額	增減比 %（同期）
1993	1,031,706,213	37.908	16,224,503	1,443.732	1,015,481,710	35.931	-999,257,207	33.947
1994	1,990,308,363	92.914	131,622,010	711.254	1,858,686,353	83.035	-1,727,064,343	72.835
1995	3,467,857,572	74.237	376,600,363	186.123	3,091,257,209	66.314	-2,714,656,846	57.183
1996	3,683,151,432	6.208	623,354,749	65.522	3,059,796,683	-1.018	-2,436,441,934	-10.249
1997	4,541,695,979	23.310	626,451,946	0.497	3,915,244,033	27.958	-3,288,792,087	34.983
1998	4,945,073,501	8.882	834,645,538	33.234	4,110,427,963	4.985	-3,275,782,425	-0.396
1999	7,062,993,161	42.829	2,536,800,171	203.937	4,526,192,990	10.115	-1,989,392,819	-39.270
2000	10,440,540,918	47.820	4,217,429,107	66.250	6,223,111,811	37.491	-2,005,682,704	0.819
2001	10,798,076,970	3.424	4,895,292,484	16.073	5,902,784,486	-5.147	-1,007,492,002	-49.768
2002	18,495,033,007	71.281	10,526,738,214	115.038	7,968,294,793	34.992	2,558,443,421	---
2003	33,907,784,754	83.335	22,890,302,915	117.449	11,017,481,839	38.266	11,872,821,076	364.064
2004	53,140,562,278	56.721	36,349,024,608	58.797	16,791,537,670	52.408	19,557,486,938	64.725
2005	63,736,408,872	19.939	43,643,322,853	20.067	20,093,086,019	19.662	23,550,236,834	20.415
2006	76,590,504,462	20.168	51,808,178,766	18.708	24,782,325,696	23.338	27,025,853,070	14.758
2007	90,430,526,782	18.070	62,416,411,093	20.476	28,014,115,689	13.041	34,402,295,404	27.294

資料來源：中華民國關稅總局

一個國家的經濟發展，總要牽連天然資源、生產技術和人力資源三大要素。

在過去幾十年間，台灣在缺乏天然資源的不利條件下發展經濟，之所以能夠成功，主要託福世界和平，天然資源可以順利取得。可是在和平依舊、崛起的中國卻大量吸納世界原物料後，天然資源價格飛漲，因此台灣發展經濟的此一條件，如今相形見苛。

就生產技術而言，台灣早期發展經濟的生產技術來自抄襲以及與先進國家技術合作。近二十年來，技術研發已成為朝野的共識，可是真正投入，迄仍不足，有賴更大的決心和鼓舞。

至於人力資源，就一般勞工而言，早期低工資勞力是台灣的優勢，這個優勢如今早已不再。就研發、行銷、管理的人力資源而言，台灣也有待與時俱進。

盱衡全球，有些國家走在台灣前頭，有些國家走在台灣後面，當然還有更多的國家繼續昏睡；昏睡的國家不論，台灣持續發展經濟，是前有勁敵，後有追兵。

尤其要賦予最大關注的是市場，台灣向來以出口貿易做為經濟發展的重要支柱，如果台灣日後從政治孤立發展成經濟孤立，那就是台灣的窮途末路。因此，掌國柄者勢需絞盡腦汁，使出全力，以突破經濟孤立；本人甚至於認為，為了突破被經濟孤立，只要能確保自立自主，不惜付出某些代價；因為經濟衰敗，台灣就衰敗，屆時皮之不存，毛將焉附[46]？

㊻設法加入東協是台灣突破經濟孤立的第一要務。東協的中文全稱是東南亞國家協會，英文全稱是Association of Southeast Asian Nations，縮寫ASEAN。

東協的前身是一九六一年在曼谷成立的「東南亞聯盟」，會員國是馬來西亞、泰國、菲律賓。其後新加坡從馬來西亞獨立，馬來西亞又與菲律賓因領土問題斷交，聯盟因而癱瘓。到了一九六七年，印尼、馬來西亞、新加坡、菲律賓、泰國五國外長重新在曼谷集會發表曼谷宣言，東協正式宣告成立。一九七六年東協在峇里島舉行第一次首腦會議，簽署了〈東南亞友好合作協定〉和〈東協協調一致宣言〉，確定了東協宗旨。一九八四年汶萊加入。一九九五年越南加入。一九九七年緬甸和寮國加入。一九九九年柬埔寨加入。二〇〇七年，東協十國之首在新加坡簽訂「東協憲章」。

中國於一九九六年成為東協全面對談夥伴，此即「東協加一」，稍後日本、南韓也開始與東協進行共同協商，這就變成「東協加三」。

二〇〇四年中國溫家寶總理在寮國與東協十國領袖簽署了〈中國—東協全面經濟合作框架協議及貨運貿易協議〉，此即中國和東協雙方同意朝亞洲大經濟圈方向邁進，並積極推動「東協加三」的東亞自由貿易區。二〇〇六年，日本又引薦印度、澳洲、紐西蘭簽署協定，此即「東協加六」。預期在二〇一〇年開始實施後，僅「東協加三」這個自由貿易區將成為人口超過十八億，經濟總值達兩萬四千億美元的龐大市場，其規模直追北美自由貿易區和歐盟。

「東協加三」或「東協加六」變數仍多，但任何自由貿易區的推動如果將台灣排除在外，都必對台灣產生各種不同程度的邊緣化效應。除自由貿易區問題外，已經開始研議的「智庫合作聯盟」因為可能發展成「經濟合作發展組織」，已經開始籌備的「亞洲貨幣基金」因為可能發展出「亞洲債券市場」、「亞洲銀行」及「亞元」，凡此，對台灣的經濟發展都將產生巨大衝擊。

台灣加入東協的要領有三：一是請求美國以其巨大影響力協助台灣；二是與中共商議，讓中共了解，台灣成為東協成員，合乎中共經濟利益；三是依據東協現行規章，先行透過台灣私部門與企業的積極參與，甚至於透過各種協助和投資，逐步建立先期性關係，以利日後進展。

事實上，東協各國無一與台灣敵對。台灣未能受邀參加，全因他們對中共的「一個中國政策」曾有默認或承諾，因此台灣與中共的相互善意協商自然成為絕對必要。

探討各國經濟發展的經驗，可以發現，發達產業的方向雖然一樣，路徑卻可以有不同選擇；有的國家鐘錶製造一枝獨秀，有的國家服飾設計製造獨步全球。在西班牙、義大利、法國，文化觀光事業佔了國民生產毛額很大的比例。

一般認為，台灣的後續經濟發展，除了各種原有產業的不斷升級外，生物科技產業和文化創意產業可以成為台灣未來新的主體產業。目前中央研究院基因體研究中心、經濟部生物科技研發中心等單位在生物科技研發上，已開始看到初步成績。至於文化創意產業的發展，民間雖已開始努力，但公部門的功能，則是只聞樓梯響，未見人下來㊼。

㊼文化創意產業的範疇可區分為視覺藝術產業、音樂與表演藝術產業、文化表演設施產業、工藝產業、電影產業、廣播電視產業、出版產業、廣告產業、設計產業、設計品牌時尚產業、建築設計產業、數位休閒娛樂產業、創意生活產業。我國朝野注意到文化創意產業已至少有十年歷史。二〇〇六

文化創意產業需要政府持續開發耕耘，圖為華山 1914 文化創意園區一景。（陳輝明攝影）

年，本人擔任行政院政務委員，《文化創意產業發展法》草案責由本人負責召集跨部會審查。本人在二〇〇七年五月卸任前終於開完最後一次審查會議。令人不解的是，在本人主責審查之前，這個草案已經延宕五年。現在全案竟又躺在立法院。很顯然的，台灣要發展文化創意產業，大家都要加把勁。

筆者想要在本節也強調台灣的農業發展。

如前所述，糖米經濟曾經是台灣的主體產業。二戰後糖米產業也曾經是台灣工業化的墊腳石。在工業有效開發後，台灣農業經濟在國民生產毛額所佔的比率逐步下降，甚至於到達微不足道的地步，現在台灣甚至於有二十二萬公頃的廢耕農地。

假如以人類活存條件的角度看，台灣竟能擁有八十幾萬公頃熱帶和亞熱帶的農田，實在是上天的恩賜，廢耕無異暴殄天物；假如再看世界糧食短缺，台灣竟有良田廢耕，實在是很不道德的事！

近十年來，筆者不斷公開談論台灣應該實施第二次土地改革，以有效解決農田單位面積過小和耕作人力缺乏問題，俾再造農業新生命。

其要領為由政府撥出一筆數千億的循環使用基金，分區逐步收購私有農地，不願出售的可以出租給政府，然後將農田重劃為每五公頃一個單位的農場，再出售給有意願經營農業的國民。為了鼓勵經營農業，政府可以制定有效獎勵措施；為了防止投機，政府也可以制定防止投機辦法。

世界上很多國家對台灣有大面積的良田極為羨慕。糧食是珍寶，花卉是珍寶，菇菌也是珍寶；發展台灣經濟卻輕輕看待農地的價值，萬萬不可！

最後不能不著墨的是，台灣的經濟發展也已經開始碰到工業開發與節能減碳的兩難。當今台灣二氧化碳產出年達二點六億公噸，在世界各國中名列前矛，其中十分之九來自工業生產。在全球一片減碳聲中，工業再擴張，無異雪上加霜，政府雖然已經訂有各種減碳計畫，即使能夠逐項落實，也沒有辦法大幅減碳。更麻煩的是，減碳已經不只是生存環境改善的問題，它還將直接影響到將來全球貿易抵制；這般新局面，勢將為台灣的經濟發展增添新的困難。

台灣的經濟學家當然看到了這個新的難題，以中華經濟研究院為首的國內五大經濟智庫，於二〇〇六年聯合提出「二〇一五年台灣經濟發展願景」，建議建設台灣成為「全球加值服務中心」，其重點是以全球連結達成市場開放，以全球人才達成技術創新，以全球品牌達成價值提升。

這種思維，一方面在於謀求產業升級，一方面也在於因應全球減碳所必然帶來的衝

台灣花卉具有無限的國際競爭潛力，圖為台中新社花海美景。（唐毓麗攝影）

擊。

很顯然地，經濟發展必須與時俱進，政府政策必須掌握機先，才能追求不斷進步。

二〇〇七年底，台灣國民生產毛額三千九百四十八億美元，外貿金額四千五百九十七億美元，順差二百五十二億美元，外匯存底二千七百零三億美元，是世界第十六大貿易國㊽。平均國民生產毛額達一萬七千二百九十四美元。

㊽國際經濟發展統計機構不少，每個機構的統計評比多少會有出入。環球透視機構（Global Insight Inc.）發布的二〇〇六年統計，台灣是世界第十八大經濟體、第二十大對外投資國、第十六大貿易國。國際貨幣基金組織（International Monetary Fund）二〇〇八年四月公布的統計，台灣為全球第二十四大經濟體。

台灣的人口只佔世界千分之四，土地面積僅佔世界陸地面積萬分之三；有這樣的經濟發展成績，是得來不易，是彌足珍貴，是二千三百萬人民的驕傲。未來，只要朝野永保打拚精神，並且不斷發揮善智慧，我們沒有理由不能更上一層樓！

8 珍惜國土・保護環境

凌寅畫作《天佑臺灣》（局部）

今天中華民國台灣的國土包括：一、台灣本島及沿海二十二個小島；二、澎湖群島有大小九十個島嶼；三、金門；四、馬祖。此外，尚有國際爭議未決的釣魚台列島和南沙群島。

台灣是小國，每一寸國土都應備受珍惜。惟本節所論述的環境保護，只限於台灣本島。

台灣本島面積三萬六千平方公里，其中三分之二以上的面積滿佈高山丘陵，聚居的人口超過二千三百萬人。如果以實際適宜生存居住面積計算，台灣是地球表面上人口密度最高的地方。比較地球上許多地廣人稀的國度，台灣人口密度之高，超乎想像㊾。

㊾台灣人口密度有多高？以下是一個簡單的比較：中國是全世界人口最多的國家，二〇〇七年的官方統計數字是十三億二千一百二十九萬人。美國的國土面積與中國相當，但人口遠比中國少，二〇〇七年的官方統計數字是三億一百六十一萬人。澳洲面積比美國稍小，人口只有二千一百萬人。

如果我們拿台灣三萬六千平方公里的國土面積，去與以上三個國家承載相同的每平方公里人口，台灣與澳洲比，台灣只住居九萬兩千人。台灣與美國比，台灣只住居一百一十五萬二千人。如果台灣與中國比，台灣也只住居四百九十五萬左右的男女。

為了發達經濟，台灣在一九六〇年代開始大力發展工業。那個時候環境維護意識尚未發達，「經濟掛帥」難免放任污染，不到三十年時間，台灣經濟逐漸起飛，人民的物質生活明顯獲得改善，代價卻是工業全面污染了台灣的山川大地。

台灣的環境保護意識在一九八〇年代開始抬頭，一些倡議自然生態保護的先行者開始用各種方法大聲疾呼，可是已被污染的山川大地，並不能靠大聲疾呼而恢復山明水秀的天然面貌。政府則一朝驚覺，要清除污染必須天文數字的經費和冗長的年月，退而求其次，開始用心制定阻止進一步污染的防制法規。至於清除污染則仍力有未逮。

平心而論，要養活兩千三百萬人口已屬不易，要追求高度繁榮，不發展工業絕不可行；在狹小的國土面積上發展工業又要周全兼顧環境保護，這是高難度的工程。筆者認為，國人同胞應該以體貼自己國家的心態，不以地廣人稀的先進國家的環境標準來自我為難；可是另一面，政府卻必須以國家永續經營的高標理念，把清理環境污染和防制環境破壞列為當務之急，並且盡最大力量做出成績。政府應該懷抱雄心壯志，要讓每一條被污染的河川，假以時日恢復清澈[50]；要讓每一塊被濫墾的山坡地假以時日恢復原貌[51]；要讓西海岸不斷下沉的土地假以時日中止繼續下沉[52]；要讓汙染的空氣恢復到對健康無大損害、對地球暖化不做元兇禍首的地步

反核救台灣，是許多人的強力訴求！ （陳輝明攝影）

桃園台灣萍蓬草溼地。（林琦珊攝影）

⑤③。

⑤⓪台灣有三百多條長短大小不一的河川，在西部的河川大多已經嚴重污染。河川污染源很多，包括工廠廢水、畜牧業的糞便、農業用藥用肥的殘餘、人群生活排放的污穢等。時日一久，每一條河川的污染都超過天然自淨能力的千百倍，於是河川便宣告死亡。

目前台灣每年產生的廢水約三十多億立方公尺，其中大部分排入河川，河川一旦嚴重污染，要整治需要大筆經費和一定的年月。政府雖然在一九八〇年代開始想要著力，但顯然未見膚功。

⑤①山丘的土石草木歷百千萬年糾結，有其自然生態。台灣因為地震不斷，所以山丘不斷被鬆動，但大致不會形成災難。一旦人力濫墾，破壞其自然生態，只要大雨長時間沖刷，便生成土石流。土石流所經之處，人畜房屋幾無抵抗能力。

停止濫墾只是不再擴大破壞範圍，已破壞部分必須靜待歲月協助恢復其自然生態，因此公權力只好鼓勵遷村或者在土石流將來之前發出逃離的警訊。

⑤②台灣養殖業發達，養殖業大量抽取地下水，時日既久，抽取量遠遠超出自然補注率，於

不復豐茂的大地。(李疾攝影)

是形成嚴重的地層下陷。

根據調查，台灣地層下陷的面積已達二千六百餘平方公里，幾佔西部平原的五分之一，其中以雲林縣範圍最大。地層下陷情況以屏東塭豐地區最為嚴重，下陷達三點二公尺。地層下陷除造就生存危機外，近海地區土壤不斷鹽化，又是另一浩劫。

台灣高鐵二〇〇七年通車，專家擔憂，如果西部地層下陷情況不能有效抑止，高鐵的行車安全將很快遭遇嚴重威脅。

53 台灣因為面積狹小，工業發達，國民生活水平高，所以主要由工廠煙囪和車輛排煙所造成的空氣污染，甚為嚴重。據統計，目前台灣每人每年的二氧化碳排放量達十一點二五公噸，且年增率為百分之二百一十，慚愧地高居全球第一。

這個第一，台灣已經自食惡果。據統計，二十世紀一百年間，全球平均氣溫上升零點六度，台灣卻上升一點一度，導致台灣日夜溫差變小、全年日照時間縮短、降雨強度增強。復據林日揚先生引述二〇〇五年美國賈德・戴蒙教授出版的《大崩壞——人類社會的明天》一書，直指台灣禍將臨頭。

台灣的空氣品質還有一項自己無能為力的禍首，就是來自中國大陸的「沙塵暴」，以及中共改革開放工業發展之後，由西北風吹過台灣海峽而來的中國大陸空氣污染。

以上四個註解，主要係參考《島嶼生態》一書。這是「慈濟傳播文化志業基金會」出版的《經典》雜誌，在二〇〇七年所做的台灣環境調查報告。發行人王端正、總編輯王志宏。

時至今日，關於環境維護，已經不止於「我們只有一個台灣」的問題。隨著全球化，做為地球村一員的台灣也已不可能自外於「我們只有一個地球」的問題。世界各國共同面對地球暖化問題，已有一段時間。由於地球假如不斷暖化，勢必為人類全體帶來劫難，由政治家、科學家和環保界領導人士所共同謀議的抑止地球暖化方案，已開始進入嚴格要求執行的時段[54]。

[54] 一九九二年九月，一百九十四個國家在巴西里約熱內盧舉行聯合國環境與發展大會，制定了「聯合國氣候變化綱要公約」（United Nations Framework Convention on Climate Change），是一個全球延緩地球暖化效應的初步共識。一九九七年十二月，規定具體義務條款的《京都議定書》（Kyoto Protocol）在日本京都議定。其目標是將大氣中的溫室氣體含量穩定在一個適當水平，以防止劇烈的氣候改變對人類造成傷害。據「政府間氣候變化專門委員會」預估，從一九七〇年到二一〇〇年，全球氣溫將升高

一點四度C到五點八度C，那個結果將造成人類的大災難。如果《京都議定書》能被貫徹執行，到二〇五〇年僅可把氣溫的升幅減少零點零二度C到零點二八度C，這個成績當然不夠，因此如何強化義務管制，目前專家們還在傷腦筋。

參與京都會商的國家，大部分都已經簽署了《京都議定書》。該議定書規定「在不少於五十五個參與國簽署，並且溫室氣體排放量達到議定書附件中規定國家在一九九〇年總排放量的百分之五十五後的第九十天」開始生效。當冰島在二〇〇二年五月二十三日通過後，已達五十五個國家；當俄羅斯在二〇〇四年十一月十八日通過該條約後，已達到百分之五十五的條件，因此該條約已於二〇〇五年二月十六日開始強制生效。

美國是世界上第一大溫室氣體排放國，美國國會卻以該議定書未同等對待發展中國家及工業化國家，將對美國經濟產生嚴重危害為由，在一九九七年由參議院以九十五票對零票決議美國政府不可簽署，因此柯林頓和布希前後兩任總統迄未將議定書提交國會審議。

台灣是絕少數非締約國之一。

台灣的溫室氣體排放量卻名列世界各國前茅。

台灣既非締約國，能不能相應不理？答案是不行。因為不與國際社會共同承擔義務的結果，是台灣將成為被懲罰的對象，全世界將會對台灣採取具體抵制行動。

我國幅員有限但工業發達，過去半世紀經濟掛帥所造成的污染，早已超出台灣自然生態所能自淨的最大容許量和承載量，在《京都議定書》已經生效的今後年月，台灣經濟發展路向與環境污染之間的相關考量，無疑是政府治理部門必須嚴肅以對的課題。

台灣人是人類的一部分，台灣是國際社會不能不承擔義務的一個成員。台灣不能從地球環境破壞中逃避而獨自存在，因此之故，台灣在改善自我以及人類整體生存環境品質的大工程上，不可不認真審慎以對。

9 多元族群、多元文化是珍寶

凌寅畫作《天佑臺灣》（局部）

台灣是個多族群國家，依照人口多寡，分別是河洛人、外省人、客家人、原住民及外來配偶。

很精確地說，包括原住民在內，其實台灣每一個族群都是外來移民，只有先來後到之別。

原住民在不可知的年代來自台灣南方的諸個海島，他們是台灣最早的居民。所謂外省人，指的是一九四九年前後跟隨蔣介石政權從中國大陸播遷來台的軍民以及其後代。可是稱為河洛人和客家人的族群，其實也是外省人，只是他們移入的時間較早，有些家族早在荷蘭人佔領台灣的時候就已移入，他們是台灣最早的「外勞」，與今日外勞不同的是他們之中不少人後來定居台灣。至於外來配偶，是最近二十餘年來因為婚姻關係移入的新娘或新郎，是台灣最新的族群。到二〇〇七年底，人數已達三十九萬九千人，與原住民人口四十八萬四千人，已十分接近，而且持續增加之中。

在一個範圍的地球表面上，族群衝突的歷史，從未間斷。因為族群人數多寡、因為統治與被統治的糾葛、因為生存條件之爭奪、因為仇恨，或者只因為意識型態歧異，族群衝突的記載，充滿了人類歷史的篇章。

就台灣一地而言，早期移入的漢人，在人數逐漸增多之後，對原住民曾經以眾欺寡。同為福建移民，曾有很長一段時間的漳泉械鬥。河洛人對客家人，曾經嚴重排擠。一九五〇年以後，以外省人為主要成員的政權曾有二十餘年的少數高壓統

客家文化表演活動。（陳輝明攝影）

治。今天，我們也還沒有張開雙手，熱誠擁抱相對弱勢的外來配偶。至於族群之間因為不同的政治思慮所形成的統獨爭辯，更是嚴重傷害國家的發展。

族群衝突會造成社會分裂，一個分裂的社會不可能建設成為偉大的國家；有鑑於此，晚近國內一些具遠見的政治人物和悲天憫人的人道主義者，無不大聲疾呼化解族群衝突。

化解台灣內部族群衝突的最有力說詞是「生命共同體」的理想訴求。但是，很顯然的，要化解族群衝突，必須政府和人民輔以具體的作為，日久才能看到成果。

今天，台灣除了原住民有國會議員的保障名額外，在法令上已經不再有族群差別待遇的條文。當言論自由獲得充分保障

新移工、新移民都是台灣的成員之一。圖為台北市政府勞工局舉辦的 2008 南洋舞蹈大賽。
（顏凝攝影）

蘭嶼達悟族小朋友。（吳淑美攝影）

之後，統獨爭議已經逐漸與族群脫鉤成為不同個人的政治信仰。至於政治權力的分配，在立法部門，因為公平定期選舉，其結果已與族群比例若合符節；在行政部門，文官制度尚稱健全，政務官的任命，近二十年來各不同執政黨也大致謹慎將事，顧及族群均衡。

今後，假使政府部門和社會各方能夠用力以下二事，台灣內部族群和諧，應可預期。

一、外來配偶已形成了新的族群，如何協助他們儘速融入台灣社會，成為一項政治事務。假使我們曉得對客家同胞和原住民應有特別的資訊服務，外來配偶的資訊服務權益，同樣沒有理由受到忽視[55]。

[55] 針對客家及原住民少數族群，政府設有原住民電視台和客家電視台。針對外來配偶，政府如能夠仿效澳洲設立「少數民族電視台」（SBS）的經驗，對協助這些外來配偶儘快融入台灣社會，一定會有幫助。

廟會活動是台灣民間的活力。　（岳國介攝影）

目前外來配偶分別來自越南、泰國、菲律賓、印尼、日本、美國等國家。澳洲SBS的做法是各少數族群各分配不同的服務時段。SBS是各國仿效的典範。

二、多元族群的多元文化應當視為台灣的特有資產。不同族群的不同歷史記憶和感情，應該得到其他族群的理解和尊重。政府和社會各方領袖應當鼓吹族群之間相互包容、相互欣賞。隨著時光的流逝，「日久他鄉即故鄉」，台灣會變成多元族群死心塌地的共同國度，多元文化也會變成台灣寶貴的共同文化特產。

10 世代接力棒

凌寅畫作《天佑臺灣》(局部)

「國家的責任在青年的雙肩上」，這是大家耳熟能詳的說詞；大家耳熟能詳是因為大家都常常這樣說；大家都常常這樣說，是因為說的是人世間的真理。

世界上各不同種族在地球表面上各自據有的領域內，繁衍孳息，大約二十五年左右，一個新生代往前推進，逐步成為那個社群的中堅，整個社群依據成住壞空、生老病死的天道，轉動時代的巨輪。

回過頭去看人類發展的故事，有的種族霎時崛起，意氣風發，成就可觀，在地球表面上飛揚達幾個世紀之久；有的種族，像煙火一般，驟起驟落；有的種族存在地球表面，為時已久，卻迄今不得翻身，落後依舊。

把台灣人擺放在人類發展歷史的長河裡，台灣人顯然是地球上的新客。我們在晚近短短一百年不到的時光中，吸納了人類文明的成果，勤勉奮發，擠入了現代國家的行列，在世界上一個角落，驕傲地發光發亮，寫出了人類故事一個美麗的小小篇章。

於是，我們不禁要自問，台灣人已經在人類故事大書上寫出的這個美麗篇章，究竟會像煙火一樣，燦爛一時，嘎然而止，或者會高潮迭起，持久不衰？

答案明顯在我們後續的每一個新生世代身上。

拿當前台灣新生世代的生存發展條件與前一個世代比較，其差別已不可以道里計；如果再比對前兩個世代，其差別何異天壤！

二十世紀五、六十年代的台灣青年，

圖為小優人神鼓表演一景。新的世代一輪輪而起，國家未來的希望存在於此。（陳輝明攝影）

只有極少數人有接受大學教育的機會，更少數出國學習先進科學文明的青年，大都必須勤工儉學，是典型的十年寒窗。到了七、八十年代，台灣青年力爭上游的機運相對大幅提升，可是假如比諸今日青年，又是別有一番景況。

台灣在政治體制和經濟發展雙雙現代化之後，顯然已經提供了新一代青年無限多元、開闊的機遇。台灣是一個面向海洋的國家，假如國家的力量能夠與青年的大志願相輔相成，我們將可以看到台灣青年勇於前往地球上的任何角落磨練心志，我們將可以看到台灣青年浪跡三洋五洲發揮創意，我們將可以看到台灣青年在科技一日千里的新世界得意飛揚。

天底下，一切榮耀迴向祖鄉。有足夠理由讓我們可以期待，台灣將由於一世代接力一世代的奮鬥，放射萬丈光芒。

在本論述的最後段落，本人要明確的指出：在錯綜複雜的國際大環境中，做為一個國家，台灣的未來，迄仍處於未可確定的狀態。可是我們可以審慎樂觀。

何以審慎？

台灣是國際社會的一員，「國際正義」作為一個理想或口號的成分多，在大多數的時間裡，「優勝劣敗」才是主宰國際互動的真正準則；因此，台灣能否創造光輝的未來，主要應該依靠自己的努力；也只有自己做了最大的努力，才有「得道多助」的可能。

何以樂觀？

無數世代的台灣人民在已逝的歲月中，歷經天災人禍的不斷摧殘，卻能屹立不搖，甚至在地力不豐厚、天然物產相對貧乏的狹小島嶼上創造出令人稱奇的建設成就，已經證明了台灣人民無比優秀。如今又已建立了基本民主政制，只要人民勇敢投票，三流的政客很容易淘汰；行政權在政黨輪替壓力下不得不認真執政；諸般相關優質民主的法案在現實政治歷經挫敗時，必能凝聚從速立法的民氣；放眼未來，同胞繼續努力的大方向又極為清晰，只要不事磋跎，一代代勇往直前，有朝一日必定可以抵達萬眾歡呼的佳美境地。

到達了佳美境地之後，是否就在美好境地上得到永恆？當然不是！宇宙浩瀚、天地不仁、歲月悠悠，人類之中的不同族群只會起起伏伏，生生滅滅。本論述主要著眼於台灣人民可以勇於掌握歷史的機遇，勇於小國崛起，勇於創造貫穿幾個世紀的台灣燦爛。千百年後，當燦爛不再，毋乃天道，可是台灣人民已經像一流民族一樣，攀爬過命運的高峰，到那個時候，遺憾還諸大地，燦爛遺留人間；此之謂民族的志氣！是生為人類最高貴的情操！

寫歌一首。有朝一日，當兩岸建成了和平共存架構，當台灣國家正常化之後，台灣人民足可慷慨高歌：

宇宙浩浩無邊，
地球寂寞運轉；
地球上有一個海島叫台灣，
台灣就是我們永恆的祖鄉。

台灣雖然小巧，
卻見無比曼妙；
高山河流平原一樣也不少，
族群和諧文化多元好又好。

台灣產業發達，
產品分享世界；
三洋五洲是我們的大前院，
西岸大陸是我們的後花園。

台灣崇尚和平，
人人積極行善；
我們要把打拚精神大發揮，
我們決心創造歷史大燦爛。

圖 1. 森林步道（陳輝明攝影）；2. 台北 101 大樓夜景（陳輝明攝影）；3. 屏東恆春（吳國介攝影）；4. 蘭嶼孩子（莊淑敏攝影）；5. 富貴角燈塔（黃秀慧攝影）；6. 昆蟲世界（唐毓麗攝影）；7. 電塔下的農婦（李疾攝影）；8. 羣花爭艷（唐毓麗攝影）；9. 台東晨曦（何國綱攝影）

附錄

我國於一九九二年制定的《中華民國台灣地區與大陸地區人民關係條例》、美國於一九七九年制定的《台灣關係法》和中共於二〇〇五年制定的《反分裂國家法》，是關係台灣現在以及未來生存發展的三個重要法律。

為了讓讀者充分掌握美、中、台三邊互動資料，特列為附件。

中華民國台灣地區與大陸地區人民關係條例

第一章 總則

第一條 國家統一前，為確保臺灣地區安全與民眾福祉，規範臺灣地區與大陸地區人民之往來，並處理衍生之法律事件，特制定本條例。本條例未規定者，適用其他有關法令之規定。

第二條 本條例用詞，定義如下：

一、臺灣地區：指臺灣、澎湖、金門、馬祖及政府統治權所及之其他地區。

二、大陸地區：指臺灣地區以外之中華民國領土。

三、臺灣地區人民：指在臺灣地區設有戶籍之人民。

四、大陸地區人民：指在大陸地區設有戶籍之人民。

第三條 本條例關於大陸地區人民之規定，於大陸地區人民旅居國外者，適用之。

第三條之一 行政院大陸委員會統籌處理有關大陸事務，為本條例之主管機關。

第四條

行政院得設立或指定機構，處理臺灣地區與大陸地區人民往來有關之事務。

行政院大陸委員會處理臺灣地區與大陸地區人民往來有關事務，得委託前項之機構或符合下列要件之民間團體為之：

一、設立時，政府捐助財產總額逾二分之一。

二、設立目的為處理臺灣地區與大陸地區人民往來有關事務，並以行政院大陸委員會為中央主管機關或目的事業主管機關。

行政院大陸委員會或第四條之二第一項經行政院同意之各該主管機關，得依所處理事務之性質及需要，逐案委託前二項規定以外，具有公信力、專業能力及經驗之其他具公益性質之法人，協助處理臺灣地區與大陸地區人民往來有關之事務；必要時，並得委託其代為簽署協議。

第一項及第二項之機構或民間團體，經委託機關同意，得複委託前項之其他具公益性質之法人，協助處理臺灣地區與大陸地區人民往來有關之事務。

第四條之一

公務員轉任前條之機構或民間團體者，其回任公職之權益應予保障，在該機構或團體服務之年資，於回任公職時，得予採計為公務員年資；本條例施行或修正前已轉任者，亦同。

公務員轉任前條之機構或民間團體未回任者，於該機構或民間團體辦理退休、資遣或撫卹時，其於公務員退撫新制施行前、後任公務員年資之退離給與，由行政院大陸委員會編列預算，比照其轉任前原適用之公務員退撫相關法令所定一次給與標準，予以給付。

公務員轉任前條之機構或民間團體回任公職，或於該機構或民間團體辦理退休、資遣或撫卹時，已依相關規定請領退離給與之年資，不得再予併計。

第一項之轉任方式、回任、年資採計方式、職等核敘及其他應遵行事項之辦法，由考試院會同行政院定之。

第二項之比照方式、計算標準及經費編列等事項之辦法，由行政院定之。

第四條之二

行政院大陸委員會統籌辦理臺灣地區與大陸地區訂定協議事項；協議內容具有專門性、技術性，以各該主管機關訂定為宜者，得經行政院同意，由其會同行政院大陸委員會辦理。

行政院大陸委員會或前項經行政院同意之各該主管機關，得委託第四條所定機構或民間團體，以受託人自己之名義，與大陸地區相關機關或經其授權之法人、團體或其他機構協商簽署協議。

本條例所稱協議，係指臺灣地區與大陸地區間就涉及行使公權力或政治議題事項所簽署之文書；協議之附加議定書、附加條款、簽字議定書、同意紀錄、附錄及其他附加文件，均屬構成協議之一部分。

第四條之三　第四條第三項之其他具公益性質之法人，於受委託協助處理事務或簽署協議，應受委託機關、第四條第一項或第二項所定機構或民間團體之指揮監督。

第四條之四　依第四條第一項或第二項規定受委託之機構或民間團體，應遵守下列規定；第四條第三項其他具公益性質之法人於受託期間，亦同：

一、派員赴大陸地區或其他地區處理受託事務或相關重要業務，應報請委託機關、第四條第一項或第二項所定之機構或民間團體同意，及接受其指揮，並隨時報告處理情形；因其他事務須派員赴大陸地區者，應先通知委託機關、第四條第一項或第二項所定之機構或民間團體。

二、其代表人及處理受託事務之人員，負有與公務員相同之保密義務；離職後，亦同。

三、其代表人及處理受託事務之人員，於受託處理事務時，負有與公務員相同之利益迴避義務。

四、其代表人及處理受託事務之人員，未經委託機關同意，不得與大陸地區相關機關或經其授權之法人、團體或其他機構協商簽署協議。

第五條　依第四條第三項或第四條之二第二項，受委託簽署協議之機構、民間團體或其他具公益性質之法人，應將協議草案報經委託機關陳報行政院同意，始得簽署。

協議之內容涉及法律之修正或應以法律定之者，協議辦理機關應於協議簽署後三十日內報請行政院核轉立法院審議；其內容未涉及法律之修正或無須另以法律定之者，協議辦理機關應於協議簽署後三十日內報請行政院核定，並送立法院備查，其程序，必要時以機密方式處理。

第五條之一

臺灣地區各級地方政府機關（構），非經行政院大陸委員會授權，不得與大陸地區人民、法人、團體或其他機關（構），以任何形式協商簽署協議。臺灣地區之公務人員、各級公職人員或各級地方民意代表機關，亦同。

臺灣地區人民、法人、團體或其他機構，除依本條例規定，經行政院大陸委員會或各該主管機關授權，不得與大陸地區人民、法人、團體或其他機關（構）簽署涉及臺灣地區公權力或政治議題之協議。

第五條之二

依第四條第三項、第四項或第四條之二第二項規定，委託、複委託處理事務或協商簽署協議，及監督受委託機構、民間團體或其他具公益性質之法人之相關辦法，由行政院大陸委員會擬訂，報請行政院核定之。

第六條

為處理臺灣地區與大陸地區人民往來有關之事務，行政院得依對等原則，許可大陸地區之法人、團體或其他機構在臺灣地區設立分支機構。

第七條　前項設立許可事項，以法律定之。

在大陸地區製作之文書，經行政院設立或指定之機構或委託之民間團體驗證者，推定為真正。

第八條　應於大陸地區送達司法文書或為必要之調查者，司法機關得囑託或委託第四條之機構或民間團體為之。

第二章　行政

第九條　臺灣地區人民進入大陸地區，應經一般出境查驗程序。

主管機關得要求航空公司或旅行相關業者辦理前項出境申報程序。

臺灣地區公務員，國家安全局、國防部、法務部調查局及其所屬各級機關未具公務員身分之人員，應向內政部申請許可，始得進入大陸地區。但簡任第十職等及警監四階以下未涉及國家安全機密之公務員及警察人員赴大陸地區，不在此限；其作業要點，於本法修正後三個月內，由內政部會同相關機關擬訂，報請行政院核定之。

臺灣地區人民具有下列身分者，進入大陸地區應經申請，並經內政部會同國家安全局、法務部及行政院大陸委員會組成之審查會審查許可：

一、政務人員、直轄市長。

二、於國防、外交、科技、情治、大陸事務或其他經核定與國家安全相關機關從事涉及國家機密業務之人員。

三、受前款機關委託從事涉及國家機密公務之個人或民間團體、機構成員。

四、前三款退離職未滿三年之人員。

五、縣（市）長。

前項第二款至第四款所列人員，其涉及國家機密之認定，由（原）服務機關、委託機關或受託團體、機構依相關規定及業務性質辦理。

第四項第四款所定退離職人員退離職後，應經審查會審查許可，始得進入大陸地區之期間，原服務機關、委託機關或受託團體、機構得依其所涉及國家機密及業務性質增減之。

遇有重大突發事件、影響臺灣地區重大利益或於兩岸互動有重大危害情形者，得經立法院議決由行政院公告於一定期間內，對臺灣地區人民進入大陸地區，採行禁止、限制或其他必要之處置，立法院如於會期內一個月未為決議，視為同意；但情況急迫者，得於事後追認之。

臺灣地區人民進入大陸地區者，不得從事妨害國家安全或利益之活動。

第二項申報程序及第三項、第四項許可辦法，由內政部擬訂，報請行政院核定之。

第九條之一

臺灣地區人民不得在大陸地區設有戶籍或領用大陸地區護照。

違反前項規定在大陸地區設有戶籍或領用大陸地區護照者，除經有關機關認有特殊考量必要外，喪失臺灣地區人民身分及其在臺灣地區選舉、罷免、創制、複決、擔任軍職、公職及其他以在臺灣地區設有戶籍所衍生相關權利，並由戶政機關註銷其臺灣地區之戶籍登記；但其因臺灣地區人民身分所負之責任及義務，不因而喪失或免除。

本條例修正施行前，臺灣地區人民已在大陸地區設籍或領用大陸地區護照者，其在本條例修正施行之日起六個月內，註銷大陸地區戶籍或放棄領用大陸地區護照並向內政部提出相關證明者，不喪失臺灣地區人民身分。

第九條之二

依前條規定喪失臺灣地區人民身分者，嗣後註銷大陸地區戶籍或放棄持用大陸地區護照，得向內政部申請許可回復臺灣地區人民身分，並返回臺灣地區定居。

前項許可條件、程序、方式、限制、撤銷或廢止許可及其他應遵行事項之辦法，由內政部擬訂，報請行政院核定之。

第十條

大陸地區人民非經主管機關許可，不得進入臺灣地區。

經許可進入臺灣地區之大陸地區人民，不得從事與許可目的不符之活動。

前二項許可辦法，由有關主管機關擬訂，報請行政院核定之。

第十條之一

大陸地區人民申請進入臺灣地區團聚、居留或定居者，應接受面談、按捺指紋並建檔管理之；未接受面談、按捺指紋者，不予許可其團聚、居留或定居之申請。其管理辦法，由主管機關定之。

第十一條

僱用大陸地區人民在臺灣地區工作，應向主管機關申請許可。

經許可受僱在臺灣地區工作之大陸地區人民，其受僱期間不得逾一年，並不得轉換雇主及工作。但因雇主關廠、歇業或其他特殊事故，致僱用關係無法繼續時，經主管機關許可者，得轉換雇主及工作。

大陸地區人民因前項但書情形轉換雇主及工作時，其轉換後之受僱期間，與原受僱期間併計。

雇主向行政院勞工委員會申請僱用大陸地區人民工作，應先以合理勞動條件在臺灣地區辦理公開招募，並向公立就業服務機構申請求才登記，無法滿足其需要時，始得就該不足人數提出申請。但應於招募時，將招募內容全文通知其事業單位之工會或勞工，並於大陸地區人民預定工作場所公告之。

僱用大陸地區人民工作時，其勞動契約應以定期契約為之。

第一項許可及其管理辦法，由行政院勞工委員會會同有關機關擬訂，報請行政院核定之。

依國際協定開放服務業項目所衍生僱用需求，及跨國企業、在臺營業達一定規模之

第十二條　臺灣地區企業，得經主管機關許可，僱用大陸地區人民，不受前六項及第九十五條相關規定之限制；其許可、管理、企業營業規模、僱用條件及其他應遵行事項之辦法，由行政院勞工委員會會同有關機關擬訂，報請行政院核定之。

第十三條　經許可受僱在臺灣地區工作之大陸地區人民，其眷屬在勞工保險條例實施地區外罹患傷病、生育或死亡時，不得請領各該事故之保險給付。

僱用大陸地區人民者，應向行政院勞工委員會所設專戶繳納就業安定費。

前項收費標準及管理運用辦法，由行政院勞工委員會會同財政部擬訂，報請行政院核定之。

第十四條　經許可受僱在臺灣地區工作之大陸地區人民，違反本條例或其他法令之規定者，主管機關得撤銷或廢止其許可。

前項經撤銷或廢止許可之大陸地區人民，應限期離境，逾期不離境者，依第十八條規定強制其出境。

前項規定，於中止或終止勞動契約時，適用之。

第十五條　下列行為不得為之：

一、使大陸地區人民非法進入臺灣地區。

二、明知臺灣地區人民未經許可，而招攬使之進入大陸地區。

三、使大陸地區人民在臺灣地區從事未經許可或與許可目的不符之活動。
四、僱用或留用大陸地區人民在臺灣地區從事未經許可或與許可範圍不符之工作。
五、居間介紹他人為前款之行為。

第十六條

大陸地區人民得申請來臺從事商務或觀光活動，其辦法，由主管機關定之。
大陸地區人民有下列情形之一者，得申請在臺灣地區定居：
一、臺灣地區人民之直系血親及配偶，年齡在七十歲以上、十二歲以下者。
二、其臺灣地區之配偶死亡，須在臺灣地區照顧未成年之親生子女者。
三、民國三十四年後，因兵役關係滯留大陸地區之臺籍軍人及其配偶。
四、民國三十八年政府遷臺後，因作戰或執行特種任務被俘之前國軍官兵及其配偶。
五、民國三十八年政府遷臺前，以公費派赴大陸地區求學人員及其配偶。
六、民國七十六年十一月一日前，因船舶故障、海難或其他不可抗力之事由滯留大陸地區，且在臺灣地區原有戶籍之漁民或船員。
大陸地區人民依前項第一款規定，每年申請在臺灣地區定居之數額，得予限制。
依第二項第三款至第六款規定申請者，其大陸地區配偶得隨同本人申請在臺灣地區定居；未隨同申請者，得由本人在臺灣地區定居後代為申請。

第十七條

大陸地區人民為臺灣地區人民配偶，得依法令申請進入臺灣地區團聚；有下列情形之一者，得申請在臺灣地區依親居留：

一、結婚已滿二年者。

二、已生產子女者。

前項以外之大陸地區人民，得依法令申請在臺灣地區停留；有下列情形之一者，得申請在臺灣地區商務或工作居留，居留期間最長為三年，期滿得申請延期：

一、符合第十一條受僱在臺灣地區工作之大陸地區人民。

二、符合第十條或第十六條第一項來臺從事商務相關活動之大陸地區人民。

經依第一項規定許可在臺灣地區依親居留滿四年，且每年在臺灣地區合法居留期間逾一百八十三日者，得申請長期居留。

內政部得基於政治、經濟、社會、教育、科技或文化之考量，專案許可大陸地區人民在臺灣地區長期居留，申請居留之類別及數額，得予限制；其類別及數額，由內政部擬訂，報請行政院核定後公告之。

經依前二項規定許可在臺灣地區長期居留者，居留期間無限制；長期居留滿二年，並符合下列規定者，得申請在臺灣地區定居：

一、在臺灣地區每年合法居留期間逾一百八十三日。

二、年滿二十歲。
三、品行端正，無犯罪紀錄。
四、提出喪失原籍證明。
五、有相當財產足以自立或生活保障無虞。
六、符合國家利益。
內政部得訂定依親居留、長期居留及定居之數額及類別，報請行政院核定後公告之。
第一項人員經許可依親居留、長期居留或許可定居，有事實足認係通謀而為虛偽結婚者，撤銷其依親居留、長期居留、定居許可及戶籍登記，並強制出境。
大陸地區人民在臺灣地區逾期停留、居留或未經許可入境者，在臺灣地區停留、居留期間，不適用前條及第一項至第四項之規定。
前條及第一項至第五項有關居留、長期居留、或定居條件、程序、方式、限制、撤銷或廢止許可及其他應遵行事項之辦法，由內政部會同有關機關擬訂，報請行政院核定之。

第十七條之一
經依前條第一項規定許可在臺灣地區依親居留者，得向主管機關申請許可受僱在臺灣地區工作。

主管機關為前項許可時，應考量臺灣地區就業市場情勢、社會公益及家庭經濟因素；其許可條件、程序、方式、限制、管理、撤銷或廢止許可及其他應遵行事項之辦法，由行政院勞工委員會擬訂，報請行政院核定之。

第十八條

經依前條第三項或第四項規定許可在臺長期居留者，居留期間得在臺灣地區工作。

進入臺灣地區之大陸地區人民，有下列情形之一者，治安機關得逕行強制出境。但其所涉案件已進入司法程序者，應先經司法機關之同意：

一、未經許可入境者。

二、經許可入境，已逾停留、居留期限者。

三、從事與許可目的不符之活動或工作者。

四、有事實足認為有犯罪行為者。

五、有事實足認為有危害國家安全或社會安定之虞者。

前項大陸地區人民，於強制出境前，得暫予收容，並得令其從事勞務。

第一項大陸地區人民有第一項第三款從事與許可目的不符之活動或工作之情事，致違反社會秩序維護法而未涉有其他犯罪情事者，於調查後得免移送簡易庭裁定，由治安機關逕行強制出境。

進入臺灣地區之大陸地區人民，涉及刑事案件，經法官或檢察官責付而收容於第二項之收容處所，並經法院判決有罪確定者，其收容之日數，以一日抵有期徒刑或拘役一日或刑法第四十二條第四項裁判所定之罰金額數。

前四項規定，於本條例施行前進入臺灣地區之大陸地區人民，適用之。

第一項之強制出境處理辦法及第二項收容處所之設置及管理辦法，由內政部擬訂，報請行政院核定之。

第十九條　臺灣地區人民依規定保證大陸地區人民入境者，於被保證人屆期不離境時，應協助有關機關強制其出境，並負擔因強制出境所支出之費用。

前項費用，得由強制出境機關檢具單據影本及計算書，通知保證人限期繳納，屆期不繳納者，依法移送強制執行。

第二十條　臺灣地區人民有下列情形之一者，應負擔強制出境所需之費用：

一、使大陸地區人民非法入境者。

二、非法僱用大陸地區人民工作者。

三、僱用之大陸地區人民依第十四條第二項或第三項規定強制出境者。

前項費用有數人應負擔者，應負連帶責任。

第一項費用，由強制出境機關檢具單據影本及計算書，通知應負擔人限期繳納；屆期不繳納者，依法移送強制執行。

第二十一條 大陸地區人民經許可進入臺灣地區者，除法律另有規定外，非在臺灣地區設有戶籍滿十年，不得登記為公職候選人、擔任公教或公營事業機關（構）人員及組織政黨；非在臺灣地區設有戶籍滿二十年，不得擔任情報機關（構）人員，或國防機關（構）之下列人員：

一、志願役軍官、士官及士兵。

二、義務役軍官及士官。

三、文職、教職及國軍聘雇人員。

大陸地區人民經許可進入臺灣地區設有戶籍者，得依法令規定擔任大學教職、學術研究機構研究人員或社會教育機構專業人員，不受前項在臺灣地區設有戶籍滿十年之限制。

前項人員，不得擔任涉及國家安全或機密科技研究之職務。

第二十二條 臺灣地區人民與經許可在臺灣地區定居之大陸地區人民，在大陸地區接受教育之學歷檢覈及採認辦法，由教育部擬訂，報請行政院核定之。

第二十二條之一 經許可在大陸地區從事投資或技術合作之臺灣地區人民、法人、團體或其他機構，向教育部申請備案後，得於大陸地區設立專以教育臺灣地區人民為對象之高級中等以下學校（以下簡稱大陸地區臺商學校），並得附設幼稚園。

大陸地區臺商學校申請備案之程序、課程、設備、招生、獎（補）助、學生回臺就學、臺灣地區人民擔任校長、教師之資格及其薪級年資之採計等相關事項之辦法，由教育部擬訂，報請行政院核定之。

符合前項辦法學校學生回臺就學，其學歷得與臺灣地區同級學校學歷相銜接。

臺灣地區人民擔任大陸地區臺商學校校長、教師之保險事項，得準用公教人員保險法及全民健康保險法有關私立學校之規定；大陸地區臺商學校人事制度與臺灣地區同級學校一致者，其退休、撫卹、資遣事項，得準用私立學校法相關規定。

第二十三條　臺灣地區、大陸地區及其他地區人民、法人、團體或其他機構，經許可得為大陸地區之教育機構在臺灣地區辦理招生事宜或從事居間介紹之行為。其許可辦法由教育部擬訂，報請行政院核定之。

第二十四條　臺灣地區人民、法人、團體或其他機構有大陸地區來源所得者，應併同臺灣地區來源所得課徵所得稅。但其在大陸地區已繳納之稅額，得自應納稅額中扣抵。

臺灣地區法人、團體或其他機構，依第三十五條規定經主管機關許可，經由其在第三地區投資設立之公司或事業在大陸地區從事投資者，於依所得稅法規定列報第三地區公司或事業之投資收益時，其屬源自轉投資大陸地區公司或事業分配之投資收益部分，視為大陸地區來源所得，依前項規定課徵所得稅。但該部分大陸地區投資

第二十五條

收益在大陸地區及第三地區已繳納之所得稅，得自應納稅額中扣抵。

前二項扣抵數額之合計數，不得超過因加計其大陸地區來源所得，而依臺灣地區適用稅率計算增加之應納稅額。

大陸地區人民、法人、團體或其他機構有臺灣地區來源所得者，應就其臺灣地區來源所得，課徵所得稅。

大陸地區人民於一課稅年度內在臺灣地區居留、停留合計滿一百八十三日者，應就其臺灣地區來源所得，準用臺灣地區人民適用之課稅規定，課徵綜合所得稅。

大陸地區法人、團體或其他機構在臺灣地區有固定營業場所或營業代理人者，應就其臺灣地區來源所得，準用臺灣地區營利事業適用之課稅規定，課徵營利事業所得稅；其在臺灣地區無固定營業場所而有營業代理人者，其應納之營利事業所得稅，應由營業代理人負責，向該管稽徵機關申報納稅。但大陸地區法人、團體或其他機構在臺灣地區因從事投資，所獲配之股利淨額或盈餘淨額，應由扣繳義務人於給付時，按規定之扣繳率扣繳，不計入營利事業所得額。

大陸地區人民於一課稅年度內在臺灣地區居留、停留合計未滿一百八十三日者，及大陸地區法人、團體或其他機構在臺灣地區無固定營業場所及營業代理人者，其臺灣地區來源所得之應納稅額，應由扣繳義務人於給付時，按規定之扣繳率扣繳，免辦理結算申報；如有非屬扣繳範圍之所得，應由納稅義務人依規定稅率申報納稅，其無法自行辦理申報者，應委託臺灣地區人民或在臺灣地區有固定營業場所之營利事業為代理人，負責代理申報納稅。

前二項之扣繳事項，適用所得稅法之相關規定。

大陸地區人民、法人、團體或其他機構取得臺灣地區來源所得應適用之扣繳率，其標準由財政部擬訂，報請行政院核定之。

第二十五條之一

大陸地區人民、法人、團體、其他機構或其於第三地區投資之公司，依第七十三條規定申請在臺灣地區投資經許可者，其取得臺灣地區之公司所分配股利或合夥人應分配盈餘應納之所得稅，由所得稅法規定之扣繳義務人於給付時，按給付額或應分配額扣繳百分之二十，不適用所得稅法結算申報之規定。但大陸地區人民於一課稅年度內在臺灣地區居留、停留合計滿一百八十三日者，應依前條第二項規定課徵綜合所得稅。

依第七十三條規定申請在臺灣地區投資經許可之法人、團體或其他機構，其董事、經理人及所派之技術人員，因辦理投資、建廠或從事市場調查等臨時性工作，於一課稅年度內在臺灣地區居留、停留期間合計不超過一百八十三日者，其由該法人、團體或其他機構非在臺灣地區給與之薪資所得，不視為臺灣地區來源所得。

第二十六條

支領各種月退休（職、伍）給與之退休（職、伍）軍公教及公營事業機關（構）人員擬赴大陸地區長期居住者，應向主管機關申請改領一次退休（職、伍）給與，並由主管機關就其原核定退休（職、伍）年資及其申領當月同職等或同官階之現職人員月俸額，計算其應領之一次退休（職、伍）給與為標準，扣除已領之月退休（職、伍）給與，一次發給其餘額；無餘額或餘額未達其應領之一次退休（職、伍）給與半數者，一律發給其應領一次退休（職、伍）給與之半數。

前項人員在臺灣地區有受其扶養之人者，申請前應經該受扶養人同意。

第一項人員未依規定申請辦理改領一次退休（職、伍）給與，而在大陸地區設有戶籍或領用大陸地區護照者，停止領受退休（職、伍）給與之權利，俟其經依第九條之二規定許可回復臺灣地區人民身分後恢復。

第一項人員如有以詐術或其他不正當方法領取一次退休（職、伍）給與，由原退休（職、伍）機關追回其所領金額，如涉及刑事責任者，移送司法機關辦理。

第一項改領及第三項停止領受及恢復退休（職、伍）給與相關事項之辦法，由各主管機關定之。

第二十六條之一　軍公教及公營事業機關（構）人員，在任職（服役）期間死亡，或支領月退休（職、伍）給與人員，在支領期間死亡，而在臺灣地區無遺族或法定受益人者，其居住大陸地區之遺族或法定受益人，得於各該支領給付人死亡之日起五年內，經許可進入臺灣地區，以書面向主管機關申請領受公務人員或軍人保險死亡給付、一次撫卹金、餘額退伍金或一次撫慰金，不得請領年撫卹金或月撫慰金。逾期未申請領受者，喪失其權利。

前項保險死亡給付、一次撫卹金、餘額退伍金或一次撫慰金總額，不得逾新臺幣二百萬元。

本條例中華民國八十六年七月一日修正生效前，依法核定保留保險死亡給付、一次撫卹金、餘額退伍金或一次撫慰金者，其居住大陸地區之遺族或法定受益人，應於中華民國八十六年七月一日起五年內，依第一項規定辦理申領，逾期喪失其權利。

申請領受第一項或前項規定之給付者，有因受傷或疾病致行動困難或領受之給付與來臺旅費顯不相當等特殊情事，經主管機關核定者，得免進入臺灣地區。

民國三十八年以前在大陸地區依法令核定應發給之各項公法給付，其權利人尚未領受或領受中斷者，於國家統一前，不予處理。

第二十七條

行政院國軍退除役官兵輔導委員會安置就養之榮民經核准赴大陸地區長期居住者，其原有之就養給付及傷殘撫卹金，仍應發給；本條修正施行前經許可赴大陸地區定居者，亦同。

就養榮民未依前項規定經核准，而在大陸地區設有戶籍或領用大陸地區護照者，停止領受就養給付及傷殘撫卹金之權利，俟其經依第九條之二規定許可回復臺灣地區人民身分後恢復。

前二項所定就養給付及傷殘撫卹金之發給、停止領受及恢復給付相關事項之辦法，由行政院國軍退除役官兵輔導委員會擬訂，報請行政院核定之。

第二十八條

中華民國船舶、航空器及其他運輸工具，經主管機關許可，得航行至大陸地區。其許可及管理辦法，於本條例修正通過後十八個月內，由交通部會同有關機關擬訂，報請行政院核定之；於必要時，經向立法院報告備查後，得延長之。

第二十八條之一

中華民國船舶、航空器及其他運輸工具，不得私行運送大陸地區人民前往臺灣地區及大陸地區以外之國家或地區。

臺灣地區人民不得利用非中華民國船舶、航空器或其他運輸工具，私行運送大陸地區人民前往臺灣地區及大陸地區以外之國家或地區。

第二十九條

大陸船舶、民用航空器及其他運輸工具，非經主管機關許可，不得進入臺灣地區限制或禁止水域、臺北飛航情報區限制區域。

前項限制或禁止水域及限制區域，由國防部公告之。

第一項許可辦法，由交通部會同有關機關擬訂，報請行政院核定之。

第三十條 外國船舶、民用航空器及其他運輸工具，不得直接航行於臺灣地區與大陸地區港口、機場間；亦不得利用外國船舶、民用航空器及其他運輸工具，經營經第三地區航行於包括臺灣地區與大陸地區港口、機場間之定期航線業務。

前項船舶、民用航空器及其他運輸工具為大陸地區人民、法人、團體或其他機構所租用、投資或經營者，交通部得限制或禁止其進入臺灣地區港口、機場。

第一項之禁止規定，交通部於必要時得報經行政院核定為全部或一部之解除。其解除後之管理、運輸作業及其他應遵行事項，準用現行航政法規辦理，並得視需要由交通部會商有關機關訂定管理辦法。

第三十一條 大陸民用航空器未經許可進入臺北飛航情報區限制進入之區域，執行空防任務機關得警告飛離或採必要之防衛處置。

第三十二條 大陸船舶未經許可進入臺灣地區限制或禁止水域，主管機關得逕行驅離或扣留其船舶、物品，留置其人員或為必要之防衛處置。

前項扣留之船舶、物品，或留置之人員，主管機關應於三個月內為下列之處分：

一、扣留之船舶、物品未涉及違法情事，得發還；若違法情節重大者，得沒入。

二、留置之人員經調查後移送有關機關依本條例第十八條收容遣返或強制其出境。

本條例實施前，扣留之大陸船舶、物品及留置之人員，已由主管機關處理者，依其處理。

第三十三條 臺灣地區人民、法人、團體或其他機構，除法律另有規定外，得擔任大陸地區法人、團體或其他機構之職務或為其成員。

臺灣地區人民、法人、團體或其他機構，不得擔任經行政院大陸委員會會商各該主管機關公告禁止之大陸地區黨務、軍事、行政或具政治性機關（構）、團體之職務或為其成員。

臺灣地區人民、法人、團體或其他機構，擔任大陸地區之職務或為其成員，有下列情形之一者，應經許可：

一、所擔任大陸地區黨務、軍事、行政或具政治性機關（構）、團體之職務或為成員，未經依前項規定公告禁止者。

二、有影響國家安全、利益之虞或基於政策需要，經各該主管機關會商行政院大陸委員會公告者。

臺灣地區人民擔任大陸地區法人、團體或其他機構之職務或為其成員，不得從事妨害國家安全或利益之行為。

第二項及第三項職務或成員之認定，由各該主管機關為之；如有疑義，得由行政院大陸委員會會同相關機關及學者專家組成審議委員會審議決定。

第二項及第三項之公告事項、許可條件、申請程序、審查方式、管理及其他應遵行事項之辦法，由行政院大陸委員會會商各該主管機關擬訂，報請行政院核定之。

本條例修正施行前，已擔任大陸地區法人、團體或其他機構之職務或為其成員者，應自前項辦法施行之日起六個月內向主管機關申請許可；屆期未申請或申請未核准者，以未經許可論。

第三十三條之一

臺灣地區人民、法人、團體或其他機構，非經各該主管機關許可，不得為下列行為：

一、與大陸地區黨務、軍事、行政、具政治性機關（構）、團體或涉及對臺政治工作、影響國家安全或利益之機關（構）、團體為任何形式之合作行為。

二、與大陸地區人民、法人、團體或其他機構，為涉及政治性內容之合作行為。

三、與大陸地區人民、法人、團體或其他機構聯合設立政治性法人、團體或其他機構。

臺灣地區非營利法人、團體或其他機構，與大陸地區人民、法人、團體或其他機構之合作行為，不得違反法令規定或涉有政治性內容；如依其他法令規定，應將預算、決算報告報主管機關者，並應同時將其合作行為向主管機關申報。

本條例修正施行前，已從事第一項所定之行為，且於本條例修正施行後仍持續進行者，應自本條例修正施行之日起三個月內向主管機關申請許可；已從事第二項所定之行為者，應自本條例修正施行之日起一年內申報；屆期未申請許可、申報或申請未經許可者，以未經許可或申報論。

第三十三條之二　臺灣地區各級地方政府機關（構）或各級地方立法機關，非經內政部會商行政院大陸委員會報請行政院同意，不得與大陸地區地方機關締結聯盟。

本條例修正施行前，已從事前項之行為，且於本條例修正施行後仍持續進行者，應自本條例修正施行之日起三個月內報請行政院同意。屆期未報請同意或行政院不同意者，以未報請同意論。

第三十三條之三　臺灣地區各級學校與大陸地區學校締結聯盟或為書面約定之合作行為，應先向教育部申報，於教育部受理其提出完整申報之日起三十日內，不得為該締結聯盟或書面約定之合作行為；教育部未於三十日內決定者，視為同意。

前項締結聯盟或書面約定之合作內容，不得違反法令規定或涉有政治性內容。

本條例修正施行前，已從事第一項之行為，且於本條例修正施行後仍持續進行者，應自本條例修正施行之日起三個月內向主管機關申報。屆期未申報或申報未經同意者，以未經申報論。

第三十四條　依本條例許可之大陸地區物品、勞務、服務或其他事項，得在臺灣地區從事廣告之播映、刊登或其他促銷推廣活動。

前項廣告活動內容，不得有下列情形：

一、為中共從事具有任何政治性目的之宣傳。

二、違背現行大陸政策或政府法令。

三、妨害公共秩序或善良風俗。

第一項廣告活動及前項廣告活動內容，由各有關機關認定處理，如有疑義，得由行政院大陸委員會會同相關機關及學者專家組成審議委員會審議決定。

第一項廣告活動之管理，除依其他廣告相關法令規定辦理外，得由行政院大陸委員會會商有關機關擬訂管理辦法，報請行政院核定之。

第三十五條

臺灣地區人民、法人、團體或其他機構，經經濟部許可，得在大陸地區從事投資或技術合作；其投資或技術合作之產品或經營項目，依據國家安全及產業發展之考慮，區分為禁止類及一般類，由經濟部會商有關機關訂定項目清單及個案審查原則，並公告之。但一定金額以下之投資，得以申報方式為之；其限額由經濟部以命令公告之。

臺灣地區人民、法人、團體或其他機構，得與大陸地區人民、法人、團體或其他機構從事商業行為。但由經濟部會商有關機關公告應經許可或禁止之項目，應依規定辦理。

臺灣地區人民、法人、團體或其他機構，經主管機關許可，得從事臺灣地區與大陸地區間貿易；其許可、輸出入物品項目與規定、開放條件與程序、停止輸出入之規定及其他輸出入管理應遵行事項之辦法，由有關主管機關擬訂，報請行政院核定之。

第一項及第二項之許可條件、程序、方式、限制及其他應遵行事項之辦法，由有關主管機關擬訂，報請行政院核定之。

本條例中華民國九十一年七月一日修正生效前，未經核准從事第一項之投資或技術合作者，應自中華民國九十一年七月一日起六個月內向經濟部申請許可；屆期未申請或申請未核准者，以未經許可論。

第三十六條

臺灣地區金融保險證券期貨機構及其在臺灣地區以外之國家或地區設立之分支機構，經財政部許可，得與大陸地區人民、法人、團體、其他機構或其在大陸地區以外國家或地區設立之分支機構有業務上之直接往來。

臺灣地區金融保險證券期貨機構在大陸地區設立分支機構，應報經財政部許可；其相關投資事項，應依前條規定辦理。

前二項之許可條件、業務範圍、程序、管理、限制及其他應遵行事項之辦法，由財政部擬訂，報請行政院核定之。

為維持金融市場穩定，必要時，財政部得報請行政院核定後，限制或禁止第一項所定業務之直接往來。

第三十六條之一

大陸地區資金進出臺灣地區之管理及處罰，準用管理外匯條例第六條之一、第二十條、第二十二條、第二十四條及第二十六條規定；對於臺灣地區之金融市場或外匯市場有重大影響情事時，並得由中央銀行會同有關機關予以其他必要之限制或禁止。

第三十七條

大陸地區出版品、電影片、錄影節目及廣播電視節目，經主管機關許可，得進入臺灣地區，或在臺灣地區發行、銷售、製作、播映、展覽或觀摩。

前項許可辦法，由行政院新聞局擬訂，報請行政院核定之。

第三十八條

大陸地區發行之幣券，除其數額在行政院金融監督管理委員會所定限額以下外，不得進出入臺灣地區。但其數額逾所定限額部分，旅客應主動向海關申報，並由旅客自行封存於海關，出境時准予攜出。

行政院金融監督管理委員會得會同中央銀行訂定辦法，許可大陸地區發行之幣券，進出入臺灣地區。

大陸地區發行之幣券，於臺灣地區與大陸地區簽訂雙邊貨幣清算協定或建立雙邊貨幣清算機制後，其在臺灣地區之管理，準用管理外匯條例有關之規定。
前項雙邊貨幣清算協定簽訂或機制建立前，大陸地區發行之幣券，在臺灣地區之管理及貨幣清算，由中央銀行會同行政院金融監督管理委員會訂定辦法。
第一項限額，由行政院金融監督管理委員會以命令定之。

第三十九條　大陸地區之中華古物，經主管機關許可運入臺灣地區公開陳列、展覽者，得予運出。
前項以外之大陸地區文物、藝術品，違反法令、妨害公共秩序或善良風俗者，主管機關得限制或禁止其在臺灣地區公開陳列、展覽。
第一項許可辦法，由有關主管機關擬訂，報請行政院核定之。

第四十條　輸入或攜帶進入臺灣地區之大陸地區物品，以進口論；其檢驗、檢疫、管理、關稅等稅捐之徵收及處理等，依輸入物品有關法令之規定辦理。
輸往或攜帶進入大陸地區之物品，以出口論；其檢驗、檢疫、管理、通關及處理，依輸出物品有關法令之規定辦理。

第四十條之一　大陸地區之營利事業，非經主管機關許可，並在臺灣地區設立分公司或辦事處，不得在臺從事業務活動；其分公司在臺營業，準用公司法第九條、第十條、第十二條至第二十五條、第二十八條之一、第三百八十八條、第三百九十一條至第三百九十三條、第三百九十七條、第四百三十八條及第四百四十八條規定。

第四十條之二

大陸地區之非營利法人、團體或其他機構，非經各該主管機關許可，不得在臺灣地區設立辦事處或分支機構，從事業務活動。

經許可在臺從事業務活動之大陸地區非營利法人、團體或其他機構，不得從事與許可範圍不符之活動。

第一項之許可範圍、許可條件、申請程序、申報事項、應備文件、審核方式、管理事項、限制及其他應遵行事項之辦法，由各該主管機關擬訂，報請行政院核定之。

前項業務活動範圍、許可條件、申請程序、申報事項、應備文件、撤回、撤銷或廢止許可及其他應遵行事項之辦法，由經濟部擬訂，報請行政院核定之。

第三章　民事

第四十一條

臺灣地區人民與大陸地區人民間之民事事件，除本條例另有規定外，適用臺灣地區之法律。

大陸地區人民相互間及其與外國人間之民事事件，除本條例另有規定外，適用大陸地區之規定。

本章所稱行為地、訂約地、發生地、履行地、所在地、訴訟地或仲裁地，指在臺灣地區或大陸地區。

第四十二條　依本條例規定應適用大陸地區之規定時，如該地區內各地方有不同規定者，依當事人戶籍地之規定。

第四十三條　依本條例規定應適用大陸地區之規定時，如大陸地區就該法律關係無明文規定或依其規定應適用臺灣地區之法律者，適用臺灣地區之法律。

第四十四條　依本條例規定應適用大陸地區之規定時，如其規定有背於臺灣地區之公共秩序或善良風俗者，適用臺灣地區之法律。

第四十五條　民事法律關係之行為地或事實發生地跨連臺灣地區與大陸地區者，以臺灣地區為行為地或事實發生地。

第四十六條　大陸地區人民之行為能力，依該地區之規定。但未成年人已結婚者，就其在臺灣地區之法律行為，視為有行為能力。
大陸地區之法人、團體或其他機構，其權利能力及行為能力，依該地區之規定。

第四十七條　法律行為之方式，依該行為所應適用之規定。但依行為地之規定所定之方式者，亦為有效。
物權之法律行為，其方式依物之所在地之規定。
行使或保全票據上權利之法律行為，其方式依行為地之規定。

第四十八條　債之契約依訂約地之規定。但當事人另有約定者，從其約定。

前項訂約地不明而當事人又無約定者，依履行地之規定，履行地不明者，依訴訟地或仲裁地之規定。

第四十九條 關於在大陸地區由無因管理、不當得利或其他法律事實而生之債，依大陸地區之規定。

第五十條 侵權行為依損害發生地之規定。但臺灣地區之法律不認其為侵權行為者，不適用之。

第五十一條 物權依物之所在地之規定。

關於以權利為標的之物權，依權利成立地之規定。

物之所在地如有變更，其物權之得喪，依其原因事實完成時之所在地之規定。

船舶之物權，依船籍登記地之規定；航空器之物權，依航空器登記地之規定。

第五十二條 結婚或兩願離婚之方式及其他要件，依行為地之規定。

判決離婚之事由，依臺灣地區之法律。

第五十三條 夫妻之一方為臺灣地區人民，一方為大陸地區人民者，其結婚或離婚之效力，依臺灣地區之法律。

第五十四條 臺灣地區人民與大陸地區人民在大陸地區結婚，其夫妻財產制，依該地區之規定。但在臺灣地區之財產，適用臺灣地區之法律。

第五十五條　非婚生子女認領之成立要件，依各該認領人被認領人認領時設籍地區之規定。認領之效力，依認領人設籍地區之規定。

第五十六條　收養之成立及終止，依各該收養者被收養者設籍地區之規定。收養之效力，依收養者設籍地區之規定。

第五十七條　父母之一方為臺灣地區人民，一方為大陸地區人民者，其與子女間之法律關係，依父設籍地區之規定，無父或父為贅夫者，依母設籍地區之規定。

第五十八條　受監護人為大陸地區人民者，關於監護，依該地區之規定。但受監護人在臺灣地區有居所者，依臺灣地區之法律。

第五十九條　扶養之義務，依扶養義務人設籍地區之規定。

第六十條　被繼承人為大陸地區人民者，關於繼承，依該地區之規定。但在臺灣地區之遺產，適用臺灣地區之法律。

第六十一條　大陸地區人民之遺囑，其成立或撤回之要件及效力，依該地區之規定。但以遺囑就其在臺灣地區之財產為贈與者，適用臺灣地區之法律。

第六十二條　大陸地區人民之捐助行為，其成立或撤回之要件及效力，依該地區之規定。但捐助財產在臺灣地區者，適用臺灣地區之法律。

第六十三條　本條例施行前，臺灣地區人民與大陸地區人民間、大陸地區人民相互間及其與外國人間，在大陸地區成立之民事法律關係及因此取得之權利、負擔之義務，以不違背臺灣地區公共秩序或善良風俗者為限，承認其效力。

前項規定，於本條例施行前已另有法令限制其權利之行使或移轉者，不適用之。

國家統一前，下列債務不予處理：

一、民國三十八年以前在大陸發行尚未清償之外幣債券及民國三十八年黃金短期公債。

二、國家行局及收受存款之金融機構在大陸撤退前所有各項債務。

第六十四條

夫妻因一方在臺灣地區，一方在大陸地區，不能同居，而一方於民國七十四年六月四日以前重婚者，利害關係人不得聲請撤銷；其於七十四年六月五日以後七十六年十一月一日以前重婚者，該後婚視為有效。

前項情形，如夫妻雙方均重婚者，於後婚者重婚之日起，原婚姻關係消滅。

第六十五條

臺灣地區人民收養大陸地區人民為養子女，除依民法第一千零七十九條第五項規定外，有下列情形之一者，法院亦應不予認可：

一、已有子女或養子女者。

二、同時收養二人以上為養子女者。

三、未經行政院設立或指定之機構或委託之民間團體驗證收養之事實者。

第六十六條

大陸地區人民繼承臺灣地區人民之遺產，應於繼承開始起三年內以書面向被繼承人住所地之法院為繼承之表示；逾期視為拋棄其繼承權。

大陸地區人民繼承本條例施行前已由主管機關處理，且在臺灣地區無繼承人之現役軍人或退除役官兵遺產者，前項繼承表示之期間為四年。

繼承在本條例施行前開始者，前二項期間自本條例施行之日起算。

第六十七條

被繼承人在臺灣地區之遺產，由大陸地區人民依法繼承者，其所得財產總額，每人不得逾新臺幣二百萬元。超過部分，歸屬臺灣地區同為繼承之人；臺灣地區無同為繼承之人者，歸屬臺灣地區後順序之繼承人；臺灣地區無繼承人者，歸屬國庫。

前項遺產，在本條例施行前已依法歸屬國庫者，不適用本條例之規定。其依法令以保管款專戶暫為存儲者，仍依本條例之規定辦理。

遺囑人以其在臺灣地區之財產遺贈大陸地區人民、法人、團體或其他機構者，其總額不得逾新臺幣二百萬元。

第一項遺產中，有以不動產為標的者，應將大陸地區繼承人之繼承權利折算為價額。但其為臺灣地區繼承人賴以居住之不動產者，大陸地區繼承人不得繼承之，於定大陸地區繼承人應得部分時，其價額不計入遺產總額。

第六十七條之一

前條第一項之遺產事件，其繼承人全部為大陸地區人民者，除應適用第六十八條之情形者外，由繼承人、利害關係人或檢察官聲請法院指定財政部國有財產局為遺產管理人，管理其遺產。

被繼承人之遺產依法應登記者，遺產管理人應向該管登記機關登記。

第一項遺產管理辦法，由財政部擬訂，報請行政院核定之。

第六十八條

現役軍人或退除役官兵死亡而無繼承人、繼承人之有無不明或繼承人因故不能管理遺產者，由主管機關管理其遺產。

前項遺產事件，在本條例施行前，已由主管機關處理者，依其處理。

第一項遺產管理辦法，由國防部及行政院國軍退除役官兵輔導委員會分別擬訂，報請行政院核定之。

本條例中華民國八十五年九月十八日修正生效前，大陸地區人民未於第六十六條所定期限內完成繼承之第一項及第二項遺產，由主管機關逕行捐助設置財團法人榮民榮眷基金會，辦理下列業務，不受第六十七條第一項歸屬國庫規定之限制：

一、亡故現役軍人或退除役官兵在大陸地區繼承人申請遺產之核發事項。

二、榮民重大災害救助事項。

三、清寒榮民子女教育獎助學金及教育補助事項。

四、其他有關榮民、榮眷福利及服務事項。

依前項第一款申請遺產核發者，以其亡故現役軍人或退除役官兵遺產，已納入財團法人榮民榮眷基金會者為限。

財團法人榮民榮眷基金會章程，由行政院國軍退除役官兵輔導委員會擬訂，報請行政院核定之。

第六十九條　大陸地區人民、法人、團體或其他機構，或其於第三地區投資之公司，非經主管機關許可，不得在臺灣地區取得、設定或移轉不動產物權。但土地法第十七條第一項所列各款土地，不得取得、設定負擔或承租。

前項申請人資格、許可條件及用途、申請程序、申報事項、應備文件、審核方式、未依許可用途使用之處理及其他應遵行事項之辦法，由主管機關擬訂，報請行政院核定之。

第七十條　（刪除）

第七十一條　未經許可之大陸地區法人、團體或其他機構，以其名義在臺灣地區與他人為法律行為者，其行為人就該法律行為，應與該大陸地區法人、團體或其他機構，負連帶責任。

第七十二條　大陸地區人民、法人、團體或其他機構，非經主管機關許可，不得為臺灣地區法人、團體或其他機構之成員或擔任其任何職務。

第七十三條

前項許可辦法，由有關主管機關擬訂，報請行政院核定之。

大陸地區人民、法人、團體、其他機構或其於第三地區投資之公司，非經主管機關許可，不得在臺灣地區從事投資行為。

依前項規定投資之事業依公司法設立公司者，投資人不受同法第二百十六條第一項關於國內住所之限制。

第一項所定投資人之資格、許可條件、程序、投資之方式、業別項目與限額、投資比率、結匯、審定、轉投資、申報事項與程序、申請書格式及其他應遵行事項之辦法，由有關主管機關擬訂，報請行政院核定之。

依第一項規定投資之事業，應依前項所定辦法規定或主管機關命令申報財務報表、股東持股變化或其他指定之資料；主管機關得派員前往檢查，投資事業不得規避、妨礙或拒絕。

投資人轉讓其投資時，轉讓人及受讓人應會同向主管機關申請許可。

第七十四條

在大陸地區作成之民事確定裁判、民事仲裁判斷，不違背臺灣地區公共秩序或善良風俗者，得聲請法院裁定認可。

前項經法院裁定認可之裁判或判斷，以給付為內容者，得為執行名義。

前二項規定，以在臺灣地區作成之民事確定裁判、民事仲裁判斷，得聲請大陸地區法院裁定認可或為執行名義者，始適用之。

第四章 刑事

第七十五條　在大陸地區或在大陸船艦、航空器內犯罪，雖在大陸地區曾受處罰，仍得依法處斷。但得免其刑之全部或一部之執行。

第七十五條之一　大陸地區人民於犯罪後出境，致不能到庭者，法院得於其能到庭以前停止審判。但顯有應諭知無罪或免刑判決之情形者，得不待其到庭，逕行判決。

第七十六條　配偶之一方在臺灣地區，一方在大陸地區，而於民國七十六年十一月一日以前重為婚姻或與非配偶以共同生活為目的而同居者，免予追訴、處罰；其相婚或與同居者，亦同。

第七十七條　大陸地區人民在臺灣地區以外之地區，犯內亂罪、外患罪，經許可進入臺灣地區，而於申請時據實申報者，免予追訴、處罰；其進入臺灣地區參加主管機關核准舉辦之會議或活動，經專案許可免予申報者，亦同。

第七十八條　大陸地區人民之著作權或其他權利在臺灣地區受侵害者，其告訴或自訴之權利，以臺灣地區人民得在大陸地區享有同等訴訟權利者為限。

第五章 罰則

第七十九條　違反第十五條第一款規定者，處一年以上七年以下有期徒刑，得併科新臺幣一百萬元以下罰金。

意圖營利而犯前項之罪者，處三年以上十年以下有期徒刑，得併科新臺幣五百萬元以下罰金。

前二項之首謀者，處五年以上有期徒刑，得併科新臺幣一千萬元以下罰金。

前三項之未遂犯罰之。

中華民國船舶、航空器或其他運輸工具所有人、營運人或船長、機長、其他運輸工具駕駛人違反第十五條第一款規定者，主管機關得處該中華民國船舶、航空器或其他運輸工具一定期間之停航，或廢止其有關證照，並得停止或廢止該船長、機長或駕駛人之職業證照或資格。

中華民國船舶、航空器或其他運輸工具所有人，有第一項至第四項之行為或因其故意、重大過失致使第三人以其船舶、航空器或其他運輸工具從事第一項至第四項之行為，且該行為係以運送大陸地區人民非法進入臺灣地區為主要目的者，主管機關得沒入該船舶、航空器或其他運輸工具。所有人明知該船舶、航空器或其他運輸工具得沒入，為規避沒入之裁處而取得所有權者，亦同。

前項情形，如該船舶、航空器或其他運輸工具無相關主管機關得予沒入時，得由查獲機關沒入之。

第七十九條之一　受託處理臺灣地區與大陸地區人民往來有關之事務或協商簽署協議，逾越委託範圍，致生損害於國家安全或利益者，處行為負責人五年以下有期徒刑、拘役或科或併科新臺幣五十萬元以下罰金。

前項情形，除處罰行為負責人外，對該法人、團體或其他機構，並科以前項所定之罰金。

第七十九條之二　違反第四條之四第一款規定，未經同意赴大陸地區者，處新臺幣三十萬元以上一百五十萬元以下罰鍰。

第七十九條之三　違反第四條之四第四款規定者，處新臺幣二十萬元以上二百萬元以下罰鍰。

違反第五條之一規定者，處新臺幣二十萬元以上二百萬元以下罰鍰；其情節嚴重或再為相同、類似之違反行為者，處五年以下有期徒刑、拘役或科或併科新臺幣五十萬元以下罰金。

前項情形，如行為人為法人、團體或其他機構，處罰其行為負責人；對該法人、團體或其他機構，並科以前項所定之罰金。

第八十條　中華民國船舶、航空器或其他運輸工具所有人、營運人或船長、機長、其他運輸工具駕駛人違反第二十八條規定或違反第二十八條之一第一項規定或臺灣地區人民違反第二十八條之一第二項規定者，處三年以下有期徒刑、拘役或科或併科新臺幣一百萬元以上一千五百萬元以下罰金。但行為係出於中華民國船舶、航空器或其他運輸工具之船長或機長或駕駛人自行決定者，處罰船長或機長或駕駛人。

前項中華民國船舶、航空器或其他運輸工具之所有人或營運人為法人者，除處罰行為人外，對該法人並科以前項所定之罰金。但法人之代表人對於違反之發生，已盡力為防止之行為者，不在此限。

刑法第七條之規定，對於第一項臺灣地區人民在中華民國領域外私行運送大陸地區人民前往臺灣地區及大陸地區以外之國家或地區者，不適用之。

第一項情形，主管機關得處該中華民國船舶、航空器或其他運輸工具一定期間之停航，或廢止其有關證照，並得停止或廢止該船長、機長或駕駛人之執業證照或資格。

第八十一條

違反第三十六條第一項或第二項規定者，處新臺幣二百萬元以上一千萬元以下罰鍰，並得限期命其停止或改正；屆期不停止或改正，或停止後再為相同違反行為者，處行為負責人三年以下有期徒刑、拘役或科或併科新臺幣一千五百萬元以下罰金。

臺灣地區金融保險證券期貨機構及其在臺灣地區以外之國家或地區設立之分支機構，違反財政部依第三十六條第四項規定報請行政院核定之限制或禁止命令者，處行為負責人三年以下有期徒刑、拘役或科或併科新臺幣一百萬元以上一千五百萬元以下罰金。

前二項情形，除處罰其行為負責人外，對該金融保險證券期貨機構，並科以前二項所定之罰金。

第一項及第二項之規定，於在中華民國領域外犯罪者，適用之。

第八十二條　違反第二十三條規定從事招生或居間介紹行為者，處一年以下有期徒刑、拘役或科或併科新臺幣一百萬元以下罰金。

第八十三條　違反第十五條第四款或第五款規定者，處二年以下有期徒刑、拘役或科或併科新臺幣三十萬元以下罰金。

意圖營利而違反第十五條第五款規定者，處三年以下有期徒刑、拘役或科或併科新臺幣六十萬元以下罰金。

法人之代表人、法人或自然人之代理人、受僱人或其他從業人員，因執行業務犯前二項之罪者，除處罰行為人外，對該法人或自然人並科以前二項所定之罰金。但法人之代表人或自然人對於違反之發生，已盡力為防止行為者，不在此限。

第八十四條　違反第十五條第二款規定者，處六月以下有期徒刑、拘役或科或併科新臺幣十萬元以下罰金。

法人之代表人、法人或自然人之代理人、受僱人或其他從業人員，因執行業務犯前項之罪者，除處罰行為人外，對該法人或自然人並科以前項所定之罰金。但法人之代表人或自然人對於違反之發生，已盡力為防止行為者，不在此限。

第八十五條

違反第三十條第一項規定者，處新臺幣三百萬元以上一千五百萬元以下罰鍰，並得禁止該船舶、民用航空器或其他運輸工具所有人、營運人之所屬船舶、民用航空器或其他運輸工具，於一定期間內進入臺灣地區港口、機場。

前項所有人或營運人，如在臺灣地區未設立分公司者，於處分確定後，主管機關得限制其所屬船舶、民用航空器或其他運輸工具駛離臺灣地區港口、機場，至繳清罰鍰為止。但提供與罰鍰同額擔保者，不在此限。

第八十五條之一

違反依第三十六條之一所發布之限制或禁止命令者，處新臺幣三百萬元以上一千五百萬元以下罰鍰。中央銀行指定辦理外匯業務銀行違反者，並得由中央銀行按其情節輕重，停止其一定期間經營全部或一部外匯之業務。

第八十六條

違反第三十五條第一項規定從事一般類項目之投資或技術合作者，處新臺幣五萬元以上二千五百萬元以下罰鍰，並得限期命其停止或改正；屆期不停止或改正者，得連續處罰。

違反第三十五條第一項規定從事禁止類項目之投資或技術合作者，處新臺幣五萬元以上二千五百萬元以下罰鍰，並得限期命其停止；屆期不停止，或停止後再為相同違反行為者，處行為人二年以下有期徒刑、拘役或科或併科新臺幣二千五百萬元以下罰金。

法人、團體或其他機構犯前項之罪者，處罰其行為負責人。

違反第三十五條第二項但書規定從事商業行為者，處新臺幣五萬元以上五百萬元以下罰鍰，並得限期命其停止或改正；屆期不停止或改正者，得連續處罰。

違反第三十五條第三項規定從事貿易行為者，除依其他法律規定處罰外，主管機關得停止其二個月以上一年以下輸出入貨品或廢止其出進口廠商登記。

第八十七條　違反第十五條第三款規定者，處新臺幣二十萬元以上一百萬元以下罰鍰。

第八十八條　違反第三十七條規定者，處新臺幣四萬元以上二十萬元以下罰鍰。

前項出版品、電影片、錄影節目或廣播電視節目，不問屬於何人所有，沒入之。

第八十九條　委託、受託或自行於臺灣地區從事第三十四條第一項以外大陸地區物品、勞務、服務或其他事項之廣告播映、刊登或其他促銷推廣活動者，或違反第三十四條第二項、或依第四項所定管理辦法之強制或禁止規定者，處新臺幣十萬元以上五十萬元以下罰鍰。

前項廣告，不問屬於何人所有或持有，得沒入之。

第九十條

具有第九條第四項身分之臺灣地區人民，違反第三十三條第二項規定者，處三年以下有期徒刑、拘役或科或併科新臺幣五十萬元以下罰金；未經許可擔任其他職務者，處一年以下有期徒刑、拘役或科或併科新臺幣三十萬元以下罰金。

前項以外之現職及退離職未滿三年之公務員，違反第三十三條第二項規定者，處一年以下有期徒刑、拘役或科或併科新臺幣三十萬元以下罰金。

不具備前二項情形，違反第三十三條第二項或第三項規定者，處新臺幣十萬元以上五十萬元以下罰鍰。

違反第三十三條第四項規定者，處三年以下有期徒刑、拘役，得併科新臺幣五十萬元以下罰金。

第九十條之一

具有第九條第四項第一款、第二款或第五款身分，退離職未滿三年之公務員，違反第三十三條第二項規定者，喪失領受退休（職、伍）金及相關給與之權利。

前項人員違反第三十三條第三項規定，其領取月退休（職、伍）金者，停止領受月退休（職、伍）金及相關給與之權利，至其原因消滅時恢復。

第九條第四項第一款、第二款或第五款身分以外退離職未滿三年公務員，違反第三十三條第二項規定者，其領取月退休（職、伍）金者，停止領受月退休（職、伍）金及相關給與之權利，至其原因消滅時恢復。

第九十條之二

臺灣地區公務員，違反第三十三條第四項規定者，喪失領受退休（職、伍）金及相關給與之權利。

違反第三十三條之一第一項或第三十三條之二第一項規定者，處新臺幣十萬元以上五十萬元以下罰鍰，並得按次連續處罰。

違反第三十三條之一第二項、第三十三條之三第一項或第二項規定者，處新臺幣一萬元以上五十萬元以下罰鍰，主管機關並得限期令其申報或改正；屆期未申報或改正者，並得按次連續處罰至申報或改正為止。

第九十一條

違反第九條第二項規定者，處新臺幣一萬元以下罰鍰。

違反第九條第三項或第七項行政院公告之處置規定者，處新臺幣二萬元以上十萬元以下罰鍰。

違反第九條第四項規定者，處新臺幣二十萬元以上一百萬元以下罰鍰。

第九十二條

違反第三十八條第一項或第二項規定，未經許可或申報之幣券，由海關沒入之；申報不實者，其超過部分沒入之。

違反第三十八條第四項所定辦法而為兌換、買賣或其他交易者，其大陸地區發行之幣券及價金沒入之；臺灣地區金融機構及外幣收兌處違反者，得處或併處新臺幣三十萬元以上一百五十萬元以下罰鍰。

第九十三條　主管機關或海關執行前二項規定時，得洽警察機關協助。

違反依第三十九條第二項規定所發之限制或禁止命令者，其文物或藝術品，由主管機關沒入之。

第九十三條之一　違反第七十三條第一項規定從事投資者，主管機關得處新臺幣十二萬元以上六十萬元以下罰鍰及停止其股東權利，並得限期命其停止或撤回投資；屆期仍未改正者，並得連續處罰至其改正為止；屬外國公司分公司者，得通知公司登記主管機關撤銷或廢止其認許。

違反第七十三條第四項規定，應申報而未申報或申報不實或不完整者，主管機關得處新臺幣六萬元以上三十萬元以下罰鍰，並限期命其申報、改正或接受檢查；屆期仍未申報、改正或接受檢查者，並得連續處罰至其申報、改正或接受檢查為止。

依第七十三條第一項規定經許可投資之事業，違反依第七十三條第三項所定辦法有關轉投資之規定者，主管機關得處新臺幣六萬元以上三十萬元以下罰鍰，並限期命其改正；屆期仍未改正者，並得連續處罰至其改正為止。

投資人或投資事業違反依第七十三條第三項所定辦法規定，應辦理審定、申報而未辦理或申報不實或不完整者，主管機關得處新臺幣六萬元以上三十萬元以下罰鍰，並得限期命其辦理審定、申報或改正；屆期仍未辦理審定、申報或改正者，並得連續處罰至其辦理審定、申報或改正為止。

投資人之代理人因故意或重大過失而申報不實者，主管機關得處新臺幣六萬元以上三十萬元以下罰鍰。

主管機關依前五項規定對投資人為處分時，得向投資人之代理人或投資事業為送達；其為罰鍰之處分者，得向投資事業執行之；投資事業於執行後對該投資人有求償權，並得按市價收回其股份抵償，不受公司法第一百六十七條第一項規定之限制；其收回股份，應依公司法第一百六十七條第二項規定辦理。

第九十三條之二

違反第四十條之一第一項規定未經許可而為業務活動者，處行為人一年以下有期徒刑、拘役或科或併科新臺幣十五萬元以下罰金，並自負民事責任；行為人有二人以上者，連帶負民事責任，並由主管機關禁止其使用公司名稱。

違反依第四十條之一第二項所定辦法之強制或禁止規定者，處新臺幣二萬元以上十萬元以下罰鍰，並得限期命其停止或改正；屆期未停止或改正者，得連續處罰。

第九十三條之三

違反第四十條之二第一項或第二項規定者，處新臺幣五十萬元以下罰鍰，並得限期命其停止；屆期不停止，或停止後再為相同違反行為者，處行為人二年以下有期徒刑、拘役或科或併科新臺幣五十萬元以下罰金。

第九十四條

本條例所定之罰鍰，由主管機關處罰；依本條例所處之罰鍰，經限期繳納，屆期不繳納者，依法移送強制執行。

第六章 附則

第九十五條
主管機關於實施臺灣地區與大陸地區直接通商、通航及大陸地區人民進入臺灣地區工作前，應經立法院決議；立法院如於會期內一個月未為決議，視為同意。

第九十五條之一
主管機關實施臺灣地區與大陸地區直接通商、通航前，得先行試辦金門、馬祖、澎湖與大陸地區之通商、通航。

前項試辦與大陸地區直接通商、通航之實施區域、試辦期間，及其有關航運往來許可、人員入出許可、物品輸出入管理、金融往來、通關、檢驗、檢疫、查緝及其他往來相關事項，由行政院以實施辦法定之。

前項試辦實施區域與大陸地區通航之港口、機場或商埠，就通航事項，準用通商口岸規定。

輸入試辦實施區域之大陸地區物品，未經許可，不得運往其他臺灣地區；試辦實施區域以外之臺灣地區物品，未經許可，不得運往大陸地區。但少量自用之大陸地區物品，得以郵寄或旅客攜帶進入其他臺灣地區；其物品項目及數量限額，由行政院定之。

違反前項規定，未經許可者，依海關緝私條例第三十六條至第三十九條規定處罰；

郵寄或旅客攜帶之大陸地區物品，其項目、數量超過前項限制範圍者，由海關依關稅法第七十七條規定處理。

本條試辦期間如有危害國家利益、安全之虞或其他重大事由時，得由行政院以命令終止一部或全部之實施。

第九十五條之二　各主管機關依本條例規定受理申請許可、核發證照，得收取審查費、證照費；其收費標準，由各主管機關定之。

第九十五條之三　依本條例處理臺灣地區與大陸地區人民往來有關之事務，不適用行政程序法之規定。

第九十五條之四　本條例施行細則，由行政院定之。

第九十六條　本條例施行日期，由行政院定之。

台灣關係法

簡稱

第一條：本法律可稱為「臺灣關係法」。

政策的判定及聲明

第二條：

A．由於美國總統已終止美國和臺灣統治當局（在一九七九年一月一日前美國承認其為中華民國）間的政府關係，美國國會認為有必要制訂本法：

1．有助於維持西太平洋地區的和平、安全及穩定。

2．授權繼續維持美國人民及臺灣人民間的商務、文化及其他各種關係，以促進美國外交政策的推行。

B．美國的政策如下：

1．維持及促進美國人民與臺灣之人民間廣泛、密切及友好的商務、文化及其他各種關係；並且維持及促進美國人民與中國大陸人民及其他西太平洋地區人民間的同種關係。

2．表明西太平洋地區的和平及安定符合美國的政治、安全及經濟利益，而且是國際關切的事務。

3．表明美國決定和「中華人民共和國」建立外交關係之舉，是基於臺灣的前途將以和平方式決定這一期望。

4．任何企圖以非和平方式來決定臺灣的前途之舉——包括使用經濟抵制及禁運手段在內，將被視為對西太平洋地區和平及安定的威脅，而為美國所嚴重關切。

5．提供防禦性武器給臺灣人民。

6．維持美國的能力，以抵抗任何訴諸武力，或使用其他方式高壓手段，而危及臺灣人民安全及社會經濟制度的行動。

A．本法律的任何條款不得違反美國對人權的關切，尤其是對於臺灣地區一千八百萬名居民人權的關切。茲此重申維護及促進所有臺灣人民的人權是美國的目標。

美國對臺灣政策的實行

第三條：

A．為了推行本法第二條所明訂的政策，美國將使臺灣能夠獲得數量足以使其維持足夠的自衛能力的防衛物資及技術服務。

B．美國總統和國會將依據他們對臺灣防衛需要的判斷，遵照法定程序，來決定提供上述防衛物資及服務的種類及數量。對臺灣防衛需要的判斷應包括美國軍事當局向總統及國會提供建議時的檢討報告。

C．指示總統如遇臺灣人民的安全或社會經濟制度遭受威脅，因而危及美國利益時，應迅速通知國會。總統和國會將依憲法程序，決定美國應付上述危險所應採取的適當行動。

法律的適用和國際協定

第四條：

A．缺乏外交關係或承認將不影響美國法律對臺灣的適用，美國法律將繼續對臺灣適用，就像一九七九年一月一日之前，美國法律對臺灣適用的情形一樣。

B．前項所訂美國法律之適用，包括下述情形，但不限於下述情形：

1．當美國法律中提及外國、外國政府或類似實體，或與之有關之時，這些字樣應包括臺灣在內，而且這些法律應對臺灣適用。

2．依據美國法律授權規定，美國與外國、外國政府或類似實體所進行或實施各項方案、交往或其他關係，美國總統或美國政府機構獲准，依據本法第六條規定，遵照美國法律同樣與臺灣人民進行或實施上述各項方案、交往或其他關係（包括和臺灣的商業機構締約，為美國提供服務）。

3．a．美國對臺灣缺乏外交關係或承認，並不消除、剝奪、修改、拒絕或影響以前或此後臺灣依據美國法律所獲得的任何權利及義務（包括因契約、債務關係及財產權益而發生的權利及義務）。

b．為了各項法律目的，包括在美國法院的訴訟在內，美國承認「中華人民共和國」之舉，不應影響臺灣統治當局在一九七八年十二月三十一日之前取得或特有的有體財產或無體財產的所有權，或其他權利和利益，也不影響臺灣當局在該日之後所取得的財產。

4．當適用美國法律需引據遵照臺灣現行或舊有法律，則臺灣人民所適用的法律應被引據遵照。

5．不論本法律任何條款，或是美國總統給予「中華人民共和國」外交承認之舉，或是臺灣人民和美國之間沒有外交關係、美國對臺灣缺乏承認，以及此等相關情勢，均不得被美國政府各部門解釋為，依照一九五四年原子能法及一九七八年防止核子擴散法，在行政或司法程序中決定事實及適用法律時，得以拒絕對臺灣的核子輸出申請，或是撤銷已核准的輸出許可證。

6．至於移民及國籍法方面，應根據該法二〇二項（b）款規定對待臺灣。

7．臺灣依據美國法律在美國法院中起訴或應訴的能力，不應由於欠缺外交關係或承認，而被消除、剝奪、修改、拒絕或影響。

8．美國法律中有關維持外交關係或承認的規定，不論明示或默示，均不應對臺灣適用。

C·為了各種目的，包括在美國法院中的訴訟在內，國會同意美國和（美國在一九七九年一月一日前承認為中華民國的）臺灣當局所締結的一切條約和國際協定（包括多國公約），至一九七八年十二月三十一日仍然有效者，將繼續維持效力，直至依法終止為止。

D·本法律任何條款均不得被解釋為，美國贊成把臺灣排除或驅逐出任何國際金融機構或其他國際組織。

美國海外私人投資保證公司

第五條：

A·當本法律生效後三年之內，一九六一年援外法案二三一項第二段第二款所訂國民平均所得一千美元限制，將不限制美國海外私人投資保證公司活動，其可決定是否對美國私人在臺投資計畫提供保險、再保險、貸款或保證。

B·除了本條（A）項另有規定外，美國海外私人投資保證公司在對美國私人在臺投資計畫提供保險、再保險、貸款或保證時，應適用對世界其他地區相同的標準。

美國在臺協會

第六條：

A·美國總統或美國政府各部門與臺灣人民進行實施的各項方案、交往或其他關係，應在總統指示的方式或範圍內，經由或透過下述機構來進行實施：

1．美國在台協會，這是一個依據哥倫比亞特區法律而成立的一個非營利法人。

2．總統所指示成立，繼承上述協會的非政府機構。（以下將簡稱「美國在台協會」為「該協會」。）

B．美國總統或美國政府各部門依據法律授權或要求，與臺灣達成、進行或實施協定或交往安排時，此等協定或交往安排應依美國總統指示的方式或範圍，經由或透過該協會達成、進行或實施。

C．該協會設立或執行業務所依據的哥倫比亞特區、各州或地方政治機構的法律、規章、命令，阻撓或妨礙該協會依據本法律執行業務時，此等法律、規章、命令的效力應次於本法律。

該協會對在臺美國公民所提供的服務

第七條：

A．該協會得授權在臺雇員：

1．執行美國法律所規定授權之公證人業務，以採錄證詞，並從事公證業務。

2．擔任已故美國公民之遺產臨時保管人。

3．根據美國總統指示，依照美國法律之規定，執行領事所獲授權執行之其他業務，以協助保護美國人民的利益。

B．該協會雇員獲得授權執行之行為有效力，並在美國境內具有相同效力，如同其他人獲得授權執行此種行為一樣。

該協會的免稅地位

第八條：該協會、該協會的財產及收入，均免受美國聯邦、各州或地方稅務當局目前或嗣後一切課稅。

對該協會提供財產及服務，以及從該協會獲得之財產及服務

第九條：

A．美國政府各部門可依總統所指定條件，出售、借貸或租賃財產（包括財產利益）給該協會，或提供行政和技術支援和服務，供該協會執行業務。此等機構提供上述服務之報酬，應列入各機構所獲預算之內。

B．美國政府各部門得依總統指示的條件，獲得該協會的服務。當總統認為，為了實施本法律的宗旨有必要時，可由總統頒佈行政命令，使政府各部門獲得上述服務，而不顧上述部門通常獲得上述服務時，所應適用的法律。

C．依本法律提供經費給該協會的美國政府各部門，應和該協會達成安排，讓美國政府主計長得查閱該協會的帳冊記錄，並有機會查核該協會經費動用情形。

臺灣機構

第十條：

A．美國總統或美國政府各機構依據美國法律授權或要求，向臺灣提供，或由臺灣接受任何服務、聯絡、保證、承諾等事項，應在總統指定的方式及範圍內，向臺灣設立的機構提供上述事項，或由這一機構接受上述事項。此一機構乃總統確定依臺灣人民適用的法律而具有必需之權力者，可依據本法案代表臺灣提供保證及採取其他行動者。

B．要求總統給予臺灣設立的機構相同數目的辦事處及規定的全體人數，這是指與一九七九年一月一日以前美國承認為中華民國的臺灣當局在美國設立的辦事處及人員相同而言。

C．根據臺灣給予美國在臺協會及其適當人員的特權及豁免權，總統已獲授權給予臺灣機構及其適當人員有效履行其功能所需的此種特權及豁免權（要視適當的情況及義務而定）。

公務人員離職受雇於協會

第十一條：

A．

1．依據總統可能指示的條件及情況，任何美國政府機構可在一特定時間內，使接受服務於美國在臺協會的任何機構職員或雇員脫離政府職務。

2．任何根據上述（1）節情況離開該機構而服務於該協會的任何職員或雇員，有權在終止於協會的服務時，以適當的地位重新為原機構（或接替的機構）雇用或復職，該職員或雇員並保有如果未在總統指示的期間及其他情況下離職所應獲得的附帶權利、特權及福利。

3．在上述（2）項中有權重新被雇用或復職的職員或雇員，在繼續不斷為該協會服務期間，應可繼續參加未受雇於該協會之前所參加的任何福利計畫，其中包括因公殉職、負傷或患病的補償；衛生計畫及人壽保險；年度休假、病假，及其他例假計畫；美國法律下任何制度的退休安排。此種職員或雇員如果在為該協會服務期間，及重為原機構雇用或復職之前死亡或退休，應視為在公職上死亡或退休。

4．任何美國政府機構的職員或雇員，在本法案生效前享准保留原職而停薪情況進入該協會者，在服務期間將獲受本條之下的各項福利。

B．美國政府任何機構在臺灣雇用外國人員者，可將此種人員調往該協會，要自然增加其津貼、福利及權利，並不得中斷其服務，以免影響退休及其他福利，其中包括繼續參加調往該協會前，法律規定的退休制度。

C．該協會的雇用人員不是美國政府的雇用的人員，其在代表該協會時，免於受美國法典第十八條二〇七項之約束。

D．

1．依據一九五四年美國國內稅法九一一及九一三項，該協會所付予雇用人員之薪水將不視為薪資所得。該協會雇用人員所獲之薪水應予免稅，其程度與美國政府的文職人員情況同。

2．除了前述（A）（3）所述範圍，受雇該協會所作的服務，將不構成社會安全法第二條所述之受雇目的。

有關報告之規定

第十二條：

A．國務卿應將該協會為其中一造的任何協定內容全文送交國會。但是，如果總統認為立即公開透露協定內容會危及美國的國家安全，則此種協定不應送交國會，而應在適當的保密命令下，送交參院及眾院的外交委員會，僅於總統發出適當通知時才得解除機密。

B．為了（A）段所述的目的，「協定」一詞包括：

1．該協會與臺灣的治理當局或臺灣設立之機構所達成的任何協定。

2．該協會與美國各機構達成的任何協定。

C．經由該協會所達成的協定及交易，應接受同樣的國會批准、審查及認可，如同這些協定是經由美國各機構達成一樣，該協會是代表美國政府行事。

D．在本法案生效之日起的兩年期間，國務卿應每六個月向眾院議長及參院外交委員會提出一份報告，描述及檢討與臺灣的經濟關係，尤其是對正常經濟關係的任何干預。

規則與章程

第十三條：

授權總統規定適於執行本法案各項目的的規則與章程。在本法案生效之日起三年期間，此種規則與章程應立即送交眾院議長及參院外交委員會。然而，此種規則章程不得解除本法案所賦予該協會的責任。

國會監督

第十四條：

A．眾院外交委員會，參院外交委員會及國會其他適當的委員會將監督：

1．本法案各條款的執行。

2．該協會的作業及程序。

3．美國與臺灣繼續維持關係的法律及技術事項。

4．有關東亞安全及合作的美國政策的執行。

B．這些委員會將適當地向參院或眾院報告監督的結果。

定義

第十五條：

為本法案的目的——

1．「美國法律」一詞，包括美國任何法規、規則、章程、法令、命令、美國及其政治分支機構的司法程序法。

2．「臺灣」一詞將視情況需要，包括臺灣及澎湖列島，這些島上的人民、公司及根據適用於這些島嶼的法律而設立或組成的其他團體及機構，一九七九年一月一日以前美國承認為中華民國的臺灣治理當局，以及任何接替的治理當局（包括政治分支機構、機構等）。

撥款之授權

第十六條：

除了執行本法案各條款另外獲得的經費外，本法案授權國務卿在一九八〇會計年度撥用執行本法案所需的經費。此等經費已獲授權保留運用，直到用盡為止。

條款效力

第十七條：

如果本法案的任何條款被視為無效，或條款對任何人或任何情況的適用性無效，則本法案的其他部分，以及此種條款適用於其他個人或情況的情形，並不受影響。

生效日期

第十八條：

本法案應於一九七九年一月一日生效。

附筆：《台灣關係法》實施至今已歷三十年。美國歷任政府隨時不忘的說詞是：「『台灣關係法』和『三個公報』以及『一個中國政策』，是美國處理美、中、台三邊關係的支柱。」

依本人淺見，現在影響台灣利益最重要的法律有三：即美國的《台灣關係法》、中國的《反國家分裂法》以及台灣的「兩岸人民關係條例」。其中《台灣關係法》最為多面向；本人認為其中三分之一的內涵是「美國勢力範圍台灣維護法」，三分之一是「台灣斷交贍養費支付法」，另外三分之一是「台灣人民政治權益臨時保障法」。

反分裂國家法

第一條　為了反對和遏制「台獨」分裂勢力分裂國家，促進祖國和平統一，維護台灣海峽地區和平穩定，維護國家主權和領土完整，維護中華民族的根本利益，根據憲法，制定本法。

第二條　世界上只有一個中國，大陸和台灣同屬一個中國，中國的主權和領土完整不容分割。維護國家主權和領土完整是包括台灣同胞在內的全中國人民的共同義務。

台灣是中國的一部分。國家絕不允許「台獨」分裂勢力以任何名義、任何方式把台灣從中國分裂出去。

第三條　台灣問題是中國內戰的遺留問題。

解決台灣問題，實現祖國統一，是中國的內部事務，不受任何外國勢力的干涉。

第四條　完成統一祖國的大業是包括台灣同胞在內的全中國人民的神聖職責。

第五條　堅持一個中國原則，是實現祖國和平統一的基礎。

以和平方式實現祖國統一，最符合台灣海峽兩岸同胞的根本利益。國家以最大的誠意，盡最大的努力，實現和平統一。

國家和平統一後，台灣可以實行不同於大陸的制度，高度自治。

第六條

國家採取下列措施，維護台灣海峽地區和平穩定，發展兩岸關係：

（一）鼓勵和推動兩岸人員往來，增進了解，增強互信。

（二）鼓勵和推動兩岸經濟交流與合作，直接通郵通航通商，密切兩岸經濟關係，互利互惠。

（三）鼓勵和推動兩岸教育、科技、文化、衛生、體育交流，共同弘揚中華文化的優秀傳統。

（四）鼓勵和推動兩岸共同打擊犯罪。

（五）鼓勵和推動有利於維護台灣海峽地區和平穩定、發展兩岸關係的其他活動。

國家依法保護台灣同胞的權利和利益。

第七條

國家主張通過台灣海峽兩岸平等的協商和談判，實現和平統一。協商和談判可以有步驟、分階段進行，方式可以靈活多樣。

台灣海峽兩岸可以就下列事項進行協商和談判：

（一）正式結束兩岸敵對狀態。

（二）發展兩岸關係的規劃。

（三）和平統一的步驟和安排。
（四）台灣當局的政治地位。
（五）台灣地區在國際上與其地位相適應的活動空間。
（六）與實現和平統一有關的其他任何問題。

第八條 「台獨」分裂勢力以任何名義、任何方式造成台灣從中國分裂出去的事實，或者發生將會導致台灣從中國分裂出去的重大事變，或者和平統一的可能性完全喪失，國家得採取非和平方式及其他必要措施，捍衛國家主權和領土完整。

依照前款規定採取非和平方式及其他必要措施，由國務院、中央軍事委員會決定和組織實施，並及時向全國人民代表大會常務委員會報告。

第九條 依照本法規定採取非和平方式及其他必要措施並組織實施時，國家盡最大可能保護台灣平民和在台灣的外國人的生命財產安全和其他正當權益，減少損失；同時，國家依法保護台灣同胞在中國其他地區的權利和利益。

第十條 本法自公佈之日起施行。

附表

本論述多處提及台灣經濟發展，並多使用形容詞。為讓讀者充分掌握具體數字，特將取自行政院主計處之「國民所得統計常用資料」列為附表。本表自一九五一（民四十）到二〇〇七（民九十六），係確定數字。二〇〇八第一季為初步統計，餘三季係預估數字。

國民生產毛額（GNP）		平均每人 GNP		國民所得（NI）		平均每人所得	
百萬元	百萬美元	元	美元	百萬元	百萬美元	元	美元
12,367	**1,201**	**1,498**	**145**	**11,653**	**1,131**	**1,412**	**137**
17,316	**1,681**	**2,027**	**197**	**16,393**	**1,592**	**1,919**	**186**
23,059	**1,483**	**2,614**	**168**	**21,885**	**1,407**	**2,481**	**160**
25,338	**1,629**	**2,774**	**178**	**23,931**	**1,539**	**2,620**	**168**
30,178	**1,941**	**3,183**	**205**	**28,487**	**1,832**	**3,005**	**193**
34,681	**1,400**	**3,531**	**142**	**32,590**	**1,315**	**3,318**	**134**
40,491	**1,634**	**3,996**	**161**	**37,816**	**1,526**	**3,732**	**151**
45,274	**1,827**	**4,328**	**175**	**42,239**	**1,705**	**4,038**	**163**
52,245	**1,436**	**4,835**	**133**	**48,536**	**1,334**	**4,492**	**123**
63,140	**1,736**	**5,660**	**156**	**58,567**	**1,610**	**5,250**	**144**
70,663	**1,767**	**6,139**	**153**	**65,685**	**1,642**	**5,707**	**143**
17,426	436	1,514	38	16,197	405	1,407	35
17,154	429	1,490	37	15,944	399	1,385	35
16,105	403	1,399	35	14,957	374	1,299	32
19,978	499	1,736	43	18,587	464	1,616	41
77,759	**1,944**	**6,558**	**164**	**72,262**	**1,807**	**6,094**	**152**
18,568	464	1,566	39	17,249	431	1,455	36
18,967	474	1,600	40	17,622	441	1,486	37
18,371	459	1,549	39	17,062	427	1,439	36
21,853	547	1,843	46	20,329	508	1,714	43
87,931	**2,198**	**7,202**	**180**	**81,796**	**2,045**	**6,699**	**167**
21,714	543	1,778	44	20,196	505	1,654	41
21,361	534	1,749	44	19,869	497	1,627	41
20,293	507	1,662	42	18,864	472	1,545	39

國民所得統計常用資料

	期中人口	平均匯率	經濟成長	國內生產毛額（GDP）		平均每人GDP	
	人	元 / 美元	%	百萬元	百萬美元	元	美元
40年	**8,255,000**	**10.30**	**…**	**12,374**	**1,201**	**1,499**	**146**
41年	**8,541,000**	**10.30**	**12.03**	**17,320**	**1,682**	**2,028**	**197**
42年	**8,822,000**	**15.55**	**9.43**	**23,063**	**1,483**	**2,614**	**168**
43年	**9,134,000**	**15.55**	**9.63**	**25,342**	**1,630**	**2,774**	**178**
44年	**9,480,000**	**15.55**	**8.21**	**30,181**	**1,941**	**3,184**	**205**
45年	**9,823,000**	**24.78**	**5.66**	**34,688**	**1,400**	**3,531**	**142**
46年	**10,133,000**	**24.78**	**7.48**	**40,546**	**1,636**	**4,001**	**161**
47年	**10,460,000**	**24.78**	**6.90**	**45,455**	**1,834**	**4,346**	**175**
48年	**10,806,000**	**36.38**	**7.72**	**52,401**	**1,440**	**4,849**	**133**
49年	**11,155,000**	**36.38**	**6.31**	**63,167**	**1,736**	**5,663**	**156**
50年	**11,510,000**	**40.00**	**6.81**	**70,746**	**1,769**	**6,146**	**154**
Ⅰ	11,510,000	40.00	…	17,447	436	1,516	38
Ⅱ	11,510,000	40.00	…	17,175	429	1,492	37
Ⅲ	11,510,000	40.00	…	16,125	403	1,401	35
Ⅳ	11,510,000	40.00	…	19,999	501	1,737	44
51年	**11,857,000**	**40.00**	**7.79**	**77,869**	**1,947**	**6,567**	**164**
Ⅰ	11,857,000	40.00	7.66	18,596	465	1,568	39
Ⅱ	11,857,000	40.00	7.89	18,994	475	1,602	40
Ⅲ	11,857,000	40.00	10.43	18,398	460	1,552	39
Ⅳ	11,857,000	40.00	5.60	21,881	547	1,845	46
52年	**12,210,000**	**40.00**	**9.37**	**88,044**	**2,201**	**7,211**	**180**
Ⅰ	12,210,000	40.00	12.54	21,743	544	1,781	45
Ⅱ	12,210,000	40.00	9.10	21,390	535	1,752	44
Ⅲ	12,210,000	40.00	6.51	20,321	508	1,664	42

國民生產毛額（GNP）		平均每人GNP		國民所得（NI）		平均每人所得	
百萬元	百萬美元	元	美元	百萬元	百萬美元	元	美元
24,563	614	2,013	50	22,867	571	1,873	46
102,835	**2,571**	**8,181**	**205**	**95,592**	**2,390**	**7,605**	**190**
26,059	651	2,073	52	24,219	605	1,927	48
25,309	633	2,013	50	23,521	588	1,871	47
23,526	588	1,872	47	21,856	546	1,739	43
27,941	699	2,223	56	25,996	651	2,068	52
113,523	**2,838**	**8,781**	**220**	**105,551**	**2,639**	**8,165**	**204**
27,887	697	2,157	54	25,927	648	2,005	50
28,271	707	2,187	55	26,282	657	2,033	51
26,512	663	2,051	51	24,639	616	1,906	48
30,853	771	2,386	60	28,703	718	2,221	55
127,195	**3,180**	**9,576**	**239**	**118,358**	**2,959**	**8,910**	**223**
30,124	753	2,268	57	28,049	701	2,112	53
31,085	777	2,340	59	28,926	723	2,178	54
30,675	767	2,309	58	28,506	713	2,146	54
35,311	883	2,659	65	32,877	822	2,474	62
146,962	**3,674**	**10,793**	**270**	**136,551**	**3,414**	**10,028**	**251**
34,922	873	2,565	64	32,451	811	2,383	60
35,304	883	2,593	65	32,795	820	2,408	60
35,679	892	2,620	66	33,140	829	2,434	61
41,057	1,026	3,015	75	38,165	954	2,803	70
171,285	**4,282**	**12,283**	**307**	**159,044**	**3,976**	**11,405**	**285**
39,584	990	2,839	71	36,746	919	2,635	66
41,204	1,030	2,955	74	38,252	956	2,743	69
42,640	1,066	3,058	76	39,589	990	2,839	71

	期中人口	平均匯率	經濟成長	國內生產毛額（GDP）		平均每人GDP	
	人	元/美元	%	百萬元	百萬美元	元	美元
Ⅳ	12,210,000	40.00	9.23	24,590	614	2,014	49
53年	**12,570,000**	**40.00**	**12.15**	**102,819**	**2,570**	**8,180**	**205**
Ⅰ	12,570,000	40.00	11.97	26,078	652	2,075	52
Ⅱ	12,570,000	40.00	13.49	25,312	633	2,014	50
Ⅲ	12,570,000	40.00	13.26	23,518	588	1,871	47
Ⅳ	12,570,000	40.00	10.17	27,911	697	2,220	56
54年	**12,928,000**	**40.00**	**11.21**	**113,717**	**2,843**	**8,796**	**220**
Ⅰ	12,928,000	40.00	9.75	27,935	698	2,161	54
Ⅱ	12,928,000	40.00	10.98	28,320	708	2,191	55
Ⅲ	12,928,000	40.00	12.42	26,561	664	2,055	51
Ⅳ	12,928,000	40.00	11.73	30,901	773	2,389	60
55年	**13,283,000**	**40.00**	**8.94**	**127,292**	**3,182**	**9,583**	**240**
Ⅰ	13,283,000	40.00	6.26	30,135	753	2,269	57
Ⅱ	13,283,000	40.00	8.80	31,102	778	2,341	59
Ⅲ	13,283,000	40.00	11.88	30,697	767	2,311	58
Ⅳ	13,283,000	40.00	8.97	35,358	884	2,662	66
56年	**13,617,000**	**40.00**	**10.71**	**147,285**	**3,682**	**10,816**	**270**
Ⅰ	13,617,000	40.00	11.84	34,990	875	2,570	64
Ⅱ	13,617,000	40.00	9.83	35,387	885	2,599	65
Ⅲ	13,617,000	40.00	9.30	35,759	894	2,626	66
Ⅳ	13,617,000	40.00	11.77	41,149	1,028	3,021	75
57年	**13,945,000**	**40.00**	**9.29**	**171,743**	**4,294**	**12,316**	**308**
Ⅰ	13,945,000	40.00	7.83	39,669	992	2,845	71
Ⅱ	13,945,000	40.00	8.58	41,264	1,032	2,959	74
Ⅲ	13,945,000	40.00	11.75	42,740	1,069	3,065	77

國民生產毛額（GNP）		平均每人 GNP		國民所得（NI）		平均每人所得	
百萬元	百萬美元	元	美元	百萬元	百萬美元	元	美元
47,857	1,196	3,431	86	44,457	1,111	3,188	79
198,975	**4,974**	**13,949**	**349**	**184,288**	**4,607**	**12,920**	**323**
47,487	1,187	3,329	83	43,977	1,099	3,083	77
48,286	1,207	3,385	85	44,714	1,118	3,135	78
48,977	1,224	3,434	86	45,360	1,134	3,180	80
54,225	1,356	3,801	95	50,237	1,256	3,522	88
229,150	**5,729**	**15,733**	**393**	**211,922**	**5,298**	**14,550**	**364**
53,037	1,326	3,673	92	49,046	1,226	3,397	85
56,597	1,415	3,897	97	52,338	1,308	3,604	90
56,956	1,424	3,902	98	52,673	1,317	3,608	90
62,560	1,564	4,261	106	57,865	1,447	3,941	99
266,762	**6,669**	**17,946**	**449**	**246,146**	**6,154**	**16,559**	**414**
62,476	1,562	4,237	106	57,649	1,441	3,909	98
66,373	1,659	4,477	112	61,241	1,531	4,131	103
66,012	1,650	4,431	111	60,893	1,522	4,087	102
71,901	1,798	4,801	120	66,363	1,660	4,432	111
320,032	**8,001**	**21,135**	**528**	**294,600**	**7,365**	**19,456**	**486**
74,743	1,869	4,971	124	68,763	1,719	4,573	114
79,875	1,997	5,289	132	73,538	1,838	4,869	122
79,304	1,983	5,228	131	72,978	1,824	4,811	120
86,110	2,152	5,647	141	79,321	1,984	5,203	130
415,491	**10,863**	**26,933**	**704**	**382,573**	**10,002**	**24,799**	**648**
91,727	2,350	5,989	154	84,470	2,164	5,515	141
97,230	2,557	6,320	166	89,525	2,354	5,819	153
104,376	2,744	6,755	178	96,044	2,525	6,216	163
122,158	3,212	7,869	206	112,534	2,959	7,249	191

	期中人口	平均匯率	經濟成長	國內生產毛額（GDP）		平均每人GDP	
	人	元/美元	%	百萬元	百萬美元	元	美元
Ⅳ	13,945,000	40.00	9.10	48,070	1,201	3,447	86
58年	**14,264,000**	**40.00**	**9.14**	**199,222**	**4,981**	**13,967**	**349**
Ⅰ	14,264,000	40.00	10.28	47,561	1,189	3,334	83
Ⅱ	14,264,000	40.00	9.76	48,358	1,209	3,390	85
Ⅲ	14,264,000	40.00	9.17	49,012	1,225	3,436	86
Ⅳ	14,264,000	40.00	7.54	54,291	1,358	3,807	95
59年	**14,565,000**	**40.00**	**11.41**	**229,562**	**5,739**	**15,761**	**394**
Ⅰ	14,439,000	40.00	7.91	53,062	1,327	3,675	92
Ⅱ	14,522,000	40.00	13.39	56,719	1,418	3,906	98
Ⅲ	14,598,000	40.00	11.77	56,942	1,424	3,901	98
Ⅳ	14,686,000	40.00	12.49	62,839	1,570	4,279	106
60年	**14,865,000**	**40.00**	**12.84**	**266,884**	**6,672**	**17,954**	**449**
Ⅰ	14,747,000	40.00	12.66	62,457	1,561	4,235	106
Ⅱ	14,826,000	40.00	13.75	66,515	1,663	4,486	112
Ⅲ	14,899,000	40.00	13.76	66,070	1,652	4,435	111
Ⅳ	14,980,000	40.00	11.32	71,842	1,796	4,798	120
61年	**15,142,000**	**40.00**	**13.30**	**319,964**	**7,999**	**21,131**	**528**
Ⅰ	15,032,000	40.00	13.68	75,003	1,875	4,989	125
Ⅱ	15,099,000	40.00	14.11	79,809	1,995	5,284	132
Ⅲ	15,165,000	40.00	12.05	79,425	1,986	5,236	131
Ⅳ	15,244,000	40.00	13.35	85,727	2,143	5,622	140
62年	**15,427,000**	**38.25**	**12.88**	**415,607**	**10,866**	**26,940**	**704**
Ⅰ	15,321,000	39.00	14.06	91,692	2,349	5,987	153
Ⅱ	15,389,000	38.00	10.53	97,250	2,557	6,321	166
Ⅲ	15,459,000	38.00	14.91	104,732	2,754	6,778	178
Ⅳ	15,530,000	38.00	12.20	121,933	3,206	7,854	207

國民生產毛額（GNP）		平均每人 GNP		國民所得（NI）		平均每人所得	
百萬元	百萬美元	元	美元	百萬元	百萬美元	元	美元
557,033	**14,659**	**35,459**	**933**	**514,295**	**13,534**	**32,739**	**862**
137,538	3,619	8,814	232	126,945	3,341	8,135	214
141,595	3,726	9,034	238	130,686	3,439	8,338	219
136,764	3,599	8,689	229	126,238	3,322	8,020	211
141,136	3,715	8,922	234	130,426	3,432	8,246	218
595,048	**15,659**	**37,188**	**979**	**546,936**	**14,393**	**34,181**	**900**
138,371	3,641	8,706	229	127,113	3,345	7,998	210
145,953	3,841	9,143	241	134,107	3,529	8,401	221
150,007	3,948	9,360	246	137,842	3,627	8,601	226
160,717	4,229	9,979	263	147,874	3,892	9,181	243
713,874	**18,786**	**43,718**	**1,150**	**653,534**	**17,198**	**40,023**	**1,053**
166,715	4,387	10,290	271	152,721	4,019	9,427	248
175,127	4,609	10,762	284	160,207	4,216	9,845	259
180,218	4,743	11,017	289	165,062	4,344	10,090	266
191,814	5,047	11,649	306	175,544	4,619	10,661	280
837,612	**22,042**	**50,274**	**1,323**	**764,368**	**20,115**	**45,878**	**1,207**
193,227	5,085	11,680	307	176,500	4,645	10,669	281
206,715	5,440	12,440	327	188,483	4,960	11,343	298
209,890	5,523	12,574	331	191,396	5,037	11,466	302
227,780	5,994	13,580	358	207,989	5,473	12,400	326
1,006,276	**27,233**	**59,283**	**1,604**	**916,170**	**24,795**	**53,975**	**1,461**
228,524	5,998	13,558	356	207,855	5,456	12,332	324
245,101	6,433	14,483	380	222,195	5,832	13,129	345
259,294	7,160	15,251	421	237,068	6,546	13,944	385
273,357	7,642	15,991	447	249,052	6,961	14,570	407
1,219,731	**33,881**	**70,472**	**1,958**	**1,111,586**	**30,877**	**64,224**	**1,784**

	期中人口	平均匯率	經濟成長	國內生產毛額（GDP）		平均每人GDP	
	人	元/美元	%	百萬元	百萬美元	元	美元
63年	**15,709,000**	**38.00**	**1.38**	**557,210**	**14,663**	**35,471**	**933**
I	15,601,000	38.00	6.20	137,367	3,615	8,803	232
II	15,669,000	38.00	2.73	142,115	3,740	9,068	239
III	15,737,000	38.00	-0.46	136,975	3,605	8,702	229
IV	15,813,000	38.00	-2.57	140,753	3,703	8,898	233
64年	**16,001,000**	**38.00**	**4.94**	**598,392**	**15,747**	**37,397**	**984**
I	15,894,000	38.00	-4.13	138,753	3,651	8,730	230
II	15,963,000	38.00	2.81	146,695	3,860	9,190	242
III	16,027,000	38.00	8.78	151,348	3,983	9,443	249
IV	16,106,000	38.00	12.38	161,596	4,253	10,034	263
65年	**16,329,000**	**38.00**	**13.96**	**718,890**	**18,918**	**44,025**	**1,159**
I	16,185,000	38.00	15.90	167,730	4,414	10,352	273
II	16,256,000	38.00	13.99	176,821	4,653	10,866	286
III	16,342,000	38.00	13.34	181,249	4,770	11,080	292
IV	16,449,000	38.00	12.88	193,090	5,081	11,727	308
66年	**16,661,000**	**38.00**	**10.30**	**842,736**	**22,177**	**50,581**	**1,331**
I	16,546,000	38.00	11.18	193,523	5,093	11,697	308
II	16,619,000	38.00	12.33	208,751	5,493	12,562	331
III	16,695,000	38.00	7.30	210,643	5,543	12,618	332
IV	16,774,000	38.00	10.50	229,819	6,048	13,704	360
67年	**16,974,000**	**36.95**	**13.67**	**1,008,607**	**27,297**	**59,421**	**1,608**
I	16,849,000	38.00	11.72	228,125	5,988	13,534	355
II	16,917,000	38.00	12.73	247,065	6,485	14,600	383
III	16,995,000	36.12	18.07	258,430	7,137	15,201	420
IV	17,088,000	35.68	12.25	274,987	7,687	16,086	450
68年	**17,308,000**	**36.00**	**8.44**	**1,219,331**	**33,870**	**70,449**	**1,957**

國民生產毛額（GNP）		平均每人GNP		國民所得（NI）		平均每人所得	
百萬元	百萬美元	元	美元	百萬元	百萬美元	元	美元
280,262	7,801	16,310	454	255,539	7,112	14,872	414
300,789	8,356	17,431	484	273,072	7,585	15,825	440
311,871	8,652	17,988	499	284,966	7,906	16,436	456
326,809	9,072	18,743	521	298,009	8,274	17,091	474
1,520,166	**42,227**	**86,167**	**2,394**	**1,390,563**	**38,627**	**78,821**	**2,189**
352,332	9,776	20,106	558	322,975	8,962	18,431	512
371,021	10,295	21,088	585	337,883	9,375	19,204	533
385,712	10,725	21,829	607	353,497	9,829	20,006	556
411,101	11,431	23,144	644	376,208	10,461	21,180	588
1,803,637	**49,025**	**100,369**	**2,728**	**1,643,720**	**44,678**	**91,470**	**2,486**
422,749	11,764	23,686	659	385,681	10,732	21,609	601
449,120	12,357	25,060	689	409,029	11,254	22,823	628
460,460	12,430	25,576	690	419,989	11,338	23,328	630
471,308	12,474	26,047	690	429,021	11,354	23,710	627
1,939,891	**49,588**	**106,022**	**2,710**	**1,760,719**	**45,008**	**96,230**	**2,460**
464,617	12,258	25,553	675	421,695	11,126	23,192	612
482,835	12,453	26,457	682	438,316	11,305	24,017	620
491,746	12,404	26,832	677	446,695	11,268	24,374	615
500,693	12,473	27,180	676	454,013	11,309	24,647	613
2,145,637	**53,561**	**115,382**	**2,880**	**1,946,477**	**48,589**	**104,672**	**2,613**
503,728	12,610	27,241	682	456,453	11,426	24,685	618
530,665	13,264	28,595	714	481,144	12,026	25,928	648
551,218	13,746	29,593	738	501,009	12,494	26,897	670
560,026	13,941	29,953	746	507,871	12,643	27,162	677
2,417,806	**61,025**	**128,109**	**3,233**	**2,195,963**	**55,426**	**116,355**	**2,937**
574,390	14,302	30,593	762	521,937	12,996	27,800	692

	期中人口	平均匯率	經濟成長	國內生產毛額（GDP）		平均每人GDP	
	人	元/美元	%	百萬元	百萬美元	元	美元
Ⅰ	17,174,000	35.94	10.81	279,544	7,781	16,269	453
Ⅱ	17,247,000	36.01	8.51	300,045	8,335	17,388	483
Ⅲ	17,329,000	36.06	7.39	311,675	8,646	17,977	499
Ⅳ	17,427,000	36.03	7.31	328,067	9,108	18,815	522
69年	**17,642,000**	**36.00**	**7.36**	**1,522,272**	**42,285**	**86,287**	**2,397**
Ⅰ	17,516,000	36.04	8.08	350,311	9,719	19,991	555
Ⅱ	17,586,000	36.04	8.03	373,517	10,363	21,230	589
Ⅲ	17,662,000	35.96	6.83	383,618	10,667	21,711	604
Ⅳ	17,755,000	35.96	6.60	414,826	11,536	23,355	649
70年	**17,970,000**	**36.79**	**6.24**	**1,813,290**	**49,288**	**100,907**	**2,743**
Ⅰ	17,842,000	35.95	5.75	424,026	11,801	23,759	661
Ⅱ	17,916,000	36.36	6.46	451,845	12,433	25,212	694
Ⅲ	17,998,000	37.06	6.94	462,153	12,476	25,670	693
Ⅳ	18,089,000	37.80	5.82	475,266	12,578	26,266	695
71年	**18,297,000**	**39.12**	**3.47**	**1,940,573**	**49,606**	**106,060**	**2,711**
Ⅰ	18,170,000	37.91	3.80	462,632	12,206	25,443	672
Ⅱ	18,237,000	38.78	3.37	486,176	12,540	26,640	686
Ⅲ	18,314,000	39.65	3.13	490,204	12,366	26,748	675
Ⅳ	18,408,000	40.15	3.60	501,561	12,494	27,229	678
72年	**18,596,000**	**40.06**	**8.32**	**2,142,381**	**53,479**	**115,207**	**2,876**
Ⅰ	18,491,000	39.97	4.96	497,933	12,464	26,928	674
Ⅱ	18,557,000	40.03	7.20	535,568	13,386	28,861	722
Ⅲ	18,626,000	40.12	10.62	547,946	13,665	29,418	734
Ⅳ	18,697,000	40.19	10.25	560,934	13,964	30,000	746
73年	**18,873,000**	**39.62**	**10.71**	**2,392,406**	**60,384**	**126,763**	**3,199**
Ⅰ	18,760,000	40.15	13.28	566,697	14,110	30,183	751

國民生產毛額（GNP）		平均每人 GNP		國民所得（NI）		平均每人所得	
百萬元	百萬美元	元	美元	百萬元	百萬美元	元	美元
605,363	15,218	32,147	808	550,603	13,841	29,239	735
622,272	15,865	32,927	839	566,007	14,431	29,950	763
615,781	15,640	32,442	824	557,416	14,158	29,366	747
2,568,741	**64,444**	**134,236**	**3,368**	**2,319,761**	**58,198**	**121,225**	**3,041**
625,350	15,911	32,826	836	565,939	14,399	29,708	756
637,968	16,020	33,401	839	575,482	14,451	30,130	757
649,642	16,115	33,909	842	587,010	14,561	30,639	760
655,781	16,398	34,100	851	591,330	14,787	30,748	768
2,982,365	**78,794**	**154,072**	**4,071**	**2,709,246**	**71,578**	**139,962**	**3,698**
705,117	17,929	36,568	930	639,449	16,259	33,162	843
725,986	18,874	37,560	977	657,532	17,093	34,019	884
763,240	20,324	39,387	1,049	694,424	18,491	35,836	954
788,022	21,667	40,557	1,115	717,841	19,735	36,945	1,017
3,365,162	**105,590**	**172,008**	**5,397**	**3,058,060**	**95,954**	**156,311**	**4,905**
814,464	23,154	41,796	1,189	740,123	21,040	37,982	1,080
826,672	25,380	42,327	1,300	750,096	23,029	38,406	1,179
862,956	28,108	44,063	1,435	785,466	25,584	40,106	1,307
861,070	28,948	43,822	1,473	782,375	26,301	39,817	1,339
3,687,179	**128,877**	**186,334**	**6,513**	**3,349,783**	**117,084**	**169,284**	**5,917**
889,187	31,080	45,121	1,577	806,860	28,202	40,944	1,431
898,376	31,324	45,486	1,586	814,619	28,404	41,246	1,438
940,346	32,685	47,472	1,650	854,976	29,717	43,163	1,500
959,270	33,788	48,255	1,700	873,328	30,761	43,931	1,548
4,123,857	**156,148**	**206,131**	**7,805**	**3,749,538**	**141,974**	**187,421**	**7,097**
991,272	35,793	49,737	1,796	900,226	32,504	45,169	1,631
995,206	37,823	49,827	1,894	903,205	34,325	45,221	1,719

	期中人口	平均匯率	經濟成長	國內生產毛額（GDP）		平均每人GDP	
	人	元/美元	%	百萬元	百萬美元	元	美元
II	18,816,000	39.77	12.22	605,981	15,233	32,180	809
III	18,883,000	39.21	10.22	611,351	15,588	32,349	825
IV	18,966,000	39.36	7.54	608,377	15,453	32,051	814
74年	**19,136,000**	**39.86**	**5.02**	**2,527,478**	**63,409**	**132,080**	**3,314**
I	19,040,000	39.30	5.80	610,701	15,538	32,058	816
II	19,090,000	39.82	4.46	633,729	15,914	33,179	833
III	19,148,000	40.31	4.03	636,178	15,781	33,206	824
IV	19,221,000	39.99	5.86	646,870	16,176	33,637	841
75年	**19,357,000**	**37.85**	**11.49**	**2,911,773**	**76,929**	**150,425**	**3,974**
I	19,282,000	39.24	10.13	686,353	17,453	35,595	905
II	19,328,000	38.38	9.44	711,859	18,507	36,829	958
III	19,377,000	37.47	12.40	746,518	19,879	38,524	1,026
IV	19,429,000	36.29	13.83	767,043	21,090	39,477	1,085
76年	**19,564,000**	**31.87**	**12.66**	**3,299,182**	**103,520**	**168,635**	**5,291**
I	19,476,000	34.98	12.72	793,168	22,544	40,704	1,157
II	19,520,000	32.39	13.76	812,168	24,930	41,585	1,277
III	19,574,000	30.53	13.88	847,323	27,594	43,265	1,409
IV	19,639,000	29.58	10.41	846,523	28,452	43,081	1,448
77年	**19,788,000**	**28.61**	**8.04**	**3,598,836**	**125,789**	**181,870**	**6,357**
I	19,693,000	28.61	8.70	861,677	30,118	43,726	1,528
II	19,737,000	28.68	7.08	877,986	30,613	44,454	1,550
III	19,795,000	28.77	8.01	922,409	32,061	46,567	1,619
IV	19,866,000	28.39	8.40	936,764	32,997	47,123	1,660
78年	**20,006,000**	**26.41**	**8.45**	**4,033,429**	**152,724**	**201,611**	**7,634**
I	19,925,000	27.65	8.65	967,413	34,932	48,540	1,753
II	19,968,000	26.27	9.08	985,270	37,446	49,328	1,875

國民生產毛額（GNP）		平均每人GNP		國民所得（NI）		平均每人所得	
百萬元	百萬美元	元	美元	百萬元	百萬美元	元	美元
1,059,470	41,093	52,901	2,052	964,004	37,390	48,134	1,868
1,077,909	41,439	53,666	2,063	982,103	37,755	48,897	1,879
4,528,695	**168,416**	**223,860**	**8,325**	**4,110,358**	**152,858**	**203,181**	**7,556**
1,104,374	42,192	54,846	2,095	1,000,733	38,233	49,699	1,899
1,090,935	40,547	54,030	2,008	987,625	36,709	48,914	1,818
1,161,273	42,624	57,321	2,104	1,056,454	38,777	52,147	1,914
1,172,113	43,053	57,663	2,118	1,065,546	39,139	52,421	1,925
5,059,138	**188,633**	**247,330**	**9,222**	**4,575,718**	**170,608**	**223,697**	**8,341**
1,215,642	44,655	59,644	2,191	1,098,764	40,361	53,910	1,980
1,210,983	44,370	59,285	2,172	1,092,298	40,020	53,475	1,959
1,303,645	48,657	63,675	2,377	1,180,290	44,052	57,650	2,152
1,328,868	50,951	64,726	2,482	1,204,366	46,175	58,662	2,250
5,623,664	**223,516**	**272,271**	**10,822**	**5,088,384**	**202,241**	**246,355**	**9,792**
1,364,180	54,134	66,275	2,630	1,241,164	49,253	60,299	2,393
1,350,696	53,984	65,495	2,618	1,220,259	48,772	59,169	2,365
1,432,100	57,215	69,273	2,768	1,291,167	51,585	62,456	2,495
1,476,688	58,183	71,228	2,806	1,335,794	52,631	64,431	2,539
6,207,950	**235,239**	**297,768**	**11,283**	**5,610,402**	**212,596**	**269,107**	**10,197**
1,503,340	58,322	72,342	2,806	1,366,764	53,021	65,770	2,551
1,502,124	57,605	72,162	2,767	1,356,316	52,011	65,157	2,498
1,578,720	58,806	75,666	2,818	1,420,154	52,897	68,065	2,535
1,623,766	60,506	77,598	2,892	1,467,168	54,667	70,115	2,613
6,781,348	**256,287**	**322,386**	**12,184**	**6,144,530**	**232,220**	**292,111**	**11,040**
1,651,182	62,429	78,756	2,978	1,506,784	56,970	71,868	2,718
1,631,020	60,975	77,643	2,903	1,475,502	55,161	70,239	2,626
1,731,767	65,526	82,247	3,112	1,564,551	59,198	74,305	2,811

	期中人口	平均匯率	經濟成長	國內生產毛額（GDP）		平均每人GDP	
	人	元/美元	%	百萬元	百萬美元	元	美元
Ⅲ	20,022,000	25.74	8.23	1,033,107	40,071	51,585	2,001
Ⅳ	20,080,000	25.97	7.90	1,047,639	40,275	52,158	2,005
79年	**20,230,000**	**26.89**	**5.70**	**4,423,743**	**164,513**	**218,672**	**8,132**
Ⅰ	20,132,000	26.18	7.48	1,075,456	41,088	53,409	2,040
Ⅱ	20,187,000	26.91	3.98	1,066,953	39,657	52,843	1,964
Ⅲ	20,255,000	27.25	4.90	1,137,703	41,760	56,158	2,061
Ⅳ	20,323,000	27.23	6.49	1,143,631	42,008	56,262	2,067
80年	**20,455,000**	**26.82**	**7.58**	**4,942,042**	**184,267**	**241,606**	**9,008**
Ⅰ	20,377,000	27.19	6.34	1,183,050	43,459	58,045	2,132
Ⅱ	20,422,000	27.26	8.08	1,189,348	43,579	58,226	2,133
Ⅲ	20,469,000	26.76	8.45	1,275,182	47,597	62,284	2,325
Ⅳ	20,526,000	26.05	7.41	1,294,462	49,632	63,051	2,418
81年	**20,654,668**	**25.16**	**7.85**	**5,502,802**	**218,712**	**266,419**	**10,589**
Ⅰ	20,574,445	25.21	8.59	1,332,367	52,871	64,729	2,569
Ⅱ	20,613,832	25.03	7.98	1,326,571	53,019	64,324	2,571
Ⅲ	20,664,026	25.04	7.14	1,403,883	56,087	67,908	2,713
Ⅳ	20,722,465	25.39	7.74	1,439,981	56,735	69,458	2,736
82年	**20,848,250**	**26.39**	**6.90**	**6,094,146**	**230,926**	**292,310**	**11,077**
Ⅰ	20,768,334	25.78	6.71	1,468,926	56,989	70,686	2,743
Ⅱ	20,803,413	26.08	6.73	1,475,027	56,568	70,860	2,718
Ⅲ	20,851,661	26.85	6.97	1,555,684	57,950	74,562	2,777
Ⅳ	20,912,338	26.84	7.16	1,594,509	59,419	76,202	2,839
83年	**21,034,899**	**26.46**	**7.39**	**6,673,939**	**252,227**	**317,279**	**11,991**
Ⅰ	20,961,881	26.44	7.19	1,619,901	61,247	77,263	2,922
Ⅱ	21,002,659	26.74	7.27	1,611,797	60,257	76,728	2,869
Ⅲ	21,051,702	26.42	7.18	1,704,108	64,480	80,934	3,062

國民生產毛額（GNP）		平均每人GNP		國民所得（NI）		平均每人所得	
百萬元	百萬美元	元	美元	百萬元	百萬美元	元	美元
1,767,379	67,357	83,740	3,191	1,597,693	60,891	75,699	2,885
7,363,955	**277,990**	**347,111**	**13,103**	**6,669,704**	**251,782**	**314,386**	**11,868**
1,794,535	68,397	84,862	3,235	1,635,424	62,332	77,338	2,948
1,769,654	69,189	83,529	3,266	1,599,526	62,536	75,498	2,952
1,874,258	69,502	88,259	3,273	1,691,032	62,706	79,630	2,953
1,925,508	70,902	90,461	3,329	1,743,722	64,208	81,920	3,015
8,054,095	**293,303**	**376,574**	**13,714**	**7,293,024**	**265,587**	**340,990**	**12,418**
1,973,861	71,957	92,547	3,374	1,798,211	65,553	84,311	3,074
1,929,868	70,456	90,343	3,299	1,744,547	63,690	81,667	2,982
2,047,994	74,442	95,687	3,478	1,847,409	67,151	86,315	3,137
2,102,372	76,448	97,997	3,563	1,902,857	69,193	88,697	3,225
8,699,750	**303,127**	**403,188**	**14,048**	**7,869,063**	**274,183**	**364,690**	**12,707**
2,131,196	77,402	99,114	3,599	1,940,266	70,462	90,233	3,276
2,075,592	74,731	96,362	3,469	1,874,236	67,476	87,013	3,132
2,220,505	78,036	102,821	3,613	2,002,051	70,353	92,705	3,257
2,272,457	72,958	104,891	3,367	2,052,510	65,892	94,739	3,042
9,307,023	**278,154**	**427,377**	**12,773**	**8,395,386**	**250,908**	**385,514**	**11,522**
2,310,550	69,881	106,449	3,220	2,098,193	63,455	96,666	2,924
2,243,380	66,659	103,136	3,065	2,020,715	60,039	92,898	2,760
2,356,340	68,171	108,089	3,127	2,116,010	61,214	97,064	2,808
2,396,753	73,443	109,703	3,361	2,160,468	66,200	98,886	3,030
9,731,411	**301,562**	**443,294**	**13,737**	**8,730,667**	**270,551**	**397,707**	**12,324**
2,423,676	74,220	110,714	3,390	2,194,005	67,190	100,222	3,070
2,370,234	72,428	108,077	3,302	2,124,727	64,929	96,882	2,961
2,439,731	76,158	111,039	3,466	2,178,925	68,020	99,168	3,095
2,497,770	78,756	113,464	3,579	2,233,010	70,412	101,435	3,198

	期中人口	平均匯率	經濟成長	國內生產毛額（GDP）		平均每人GDP	
	人	元/美元	%	百萬元	百萬美元	元	美元
Ⅳ	21,101,817	26.23	7.90	1,738,133	66,243	82,354	3,138
84年	**21,214,987**	**26.49**	**6.49**	**7,252,757**	**273,792**	**341,870**	**12,906**
Ⅰ	21,142,412	26.24	7.37	1,760,629	67,102	83,260	3,174
Ⅱ	21,182,206	25.58	7.17	1,751,086	68,460	82,653	3,231
Ⅲ	21,232,117	26.97	6.55	1,845,026	68,415	86,882	3,222
Ⅳ	21,281,518	27.16	5.00	1,896,016	69,815	89,075	3,279
85年	**21,387,815**	**27.46**	**6.30**	**7,944,595**	**289,315**	**371,454**	**13,527**
Ⅰ	21,318,812	27.43	5.62	1,932,166	70,437	90,592	3,302
Ⅱ	21,352,118	27.39	6.12	1,911,848	69,798	89,499	3,267
Ⅲ	21,393,472	27.51	6.12	2,027,414	73,694	94,726	3,443
Ⅳ	21,443,799	27.50	7.27	2,073,167	75,386	96,637	3,515
86年	**21,577,382**	**28.70**	**6.59**	**8,610,139**	**300,005**	**399,035**	**13,904**
Ⅰ	21,487,059	27.51	6.57	2,098,818	76,234	97,608	3,545
Ⅱ	21,524,100	27.75	6.28	2,058,428	74,121	95,566	3,441
Ⅲ	21,580,280	28.43	6.71	2,196,326	77,194	101,702	3,574
Ⅳ	21,649,173	31.12	6.79	2,256,567	72,456	104,159	3,344
87年	**21,777,096**	**33.46**	**4.55**	**9,238,472**	**276,105**	**424,229**	**12,679**
Ⅰ	21,705,876	33.04	5.89	2,283,069	69,056	105,183	3,181
Ⅱ	21,751,939	33.63	5.12	2,236,227	66,452	102,807	3,055
Ⅲ	21,800,352	34.54	4.02	2,351,169	68,027	107,852	3,120
Ⅳ	21,848,069	32.61	3.31	2,368,007	72,570	108,387	3,323
88年	**21,952,486**	**32.27**	**5.75**	**9,640,893**	**298,757**	**439,171**	**13,609**
Ⅰ	21,889,710	32.64	4.75	2,394,852	73,339	109,397	3,350
Ⅱ	21,929,321	32.71	6.72	2,359,247	72,094	107,576	3,287
Ⅲ	21,970,212	32.02	4.89	2,425,534	75,717	110,393	3,446
Ⅳ	22,012,211	31.70	6.60	2,461,260	77,607	111,805	3,526

	國民生產毛額（GNP）		平均每人 GNP		國民所得（NI）		平均每人所得	
	百萬元	百萬美元	元	美元	百萬元	百萬美元	元	美元
	10,171,562	**325,698**	**459,729**	**14,721**	**9,044,421**	**289,607**	**408,786**	**13,090**
	2,540,810	82,654	115,172	3,747	2,280,468	74,182	103,370	3,363
	2,446,664	79,748	110,705	3,608	2,171,015	70,759	98,232	3,202
	2,586,721	83,254	116,821	3,760	2,289,360	73,680	103,419	3,328
	2,597,367	80,042	117,031	3,606	2,303,578	70,986	103,765	3,197
	10,054,207	**297,374**	**451,308**	**13,348**	**8,806,883**	**260,482**	**395,319**	**11,692**
	2,594,377	79,695	116,688	3,584	2,293,532	70,445	103,156	3,168
	2,396,685	71,534	107,652	3,213	2,091,483	62,417	93,943	2,803
	2,495,211	71,939	111,935	3,227	2,175,118	62,703	97,576	2,813
	2,567,934	74,206	115,033	3,324	2,246,750	64,917	100,644	2,908
	10,535,848	**304,680**	**470,426**	**13,604**	**9,227,042**	**266,832**	**411,987**	**11,914**
	2,654,176	75,742	118,725	3,388	2,351,586	67,111	105,189	3,002
	2,509,224	72,832	112,114	3,254	2,186,918	63,481	97,713	2,836
	2,662,947	78,340	118,839	3,496	2,321,807	68,309	103,614	3,048
	2,709,501	77,766	120,748	3,466	2,366,731	67,931	105,471	3,028
	10,848,447	**315,179**	**482,284**	**14,012**	**9,478,427**	**275,376**	**421,377**	**12,242**
	2,747,505	79,125	122,292	3,522	2,426,576	69,885	108,007	3,110
	2,510,050	72,266	111,642	3,214	2,184,511	62,895	97,162	2,798
	2,732,081	79,738	121,427	3,544	2,376,413	69,359	105,619	3,082
	2,858,811	84,050	126,923	3,732	2,490,927	73,237	110,589	3,252
	11,437,647	**342,137**	**506,650**	**15,156**	**10,001,162**	**299,167**	**443,019**	**13,252**
	2,931,803	87,736	130,030	3,892	2,595,463	77,670	115,112	3,444
	2,692,858	80,658	119,341	3,575	2,343,429	70,191	103,854	3,111
	2,901,173	85,363	128,470	3,780	2,525,315	74,304	111,826	3,291
	2,911,813	88,380	128,809	3,909	2,536,955	77,002	112,227	3,406
	11,745,593	**364,997**	**518,511**	**16,113**	**10,260,406**	**318,844**	**452,947**	**14,075**

	期中人口	平均匯率	經濟成長	國內生產毛額（GDP）		平均每人GDP	
	人	元/美元	%	百萬元	百萬美元	元	美元
89年	**22,125,102**	**31.23**	**5.77**	**10,032,004**	**321,230**	**453,422**	**14,519**
Ⅰ	22,055,186	30.74	8.00	2,504,932	81,484	113,546	3,694
Ⅱ	22,095,001	30.68	5.21	2,418,688	78,832	109,439	3,567
Ⅲ	22,136,714	31.07	6.46	2,555,224	82,237	115,398	3,714
Ⅳ	22,187,904	32.45	3.57	2,553,160	78,677	115,039	3,544
90年	**22,277,933**	**33.81**	**-2.17**	**9,862,183**	**291,694**	**442,688**	**13,093**
Ⅰ	22,231,231	32.53	0.61	2,539,182	78,004	114,206	3,508
Ⅱ	22,261,008	33.48	-3.12	2,347,993	70,083	105,466	3,147
Ⅲ	22,289,329	34.66	-4.63	2,450,204	70,645	109,916	3,169
Ⅳ	22,321,379	34.58	-1.48	2,524,804	72,962	113,100	3,269
91年	**22,396,420**	**34.58**	**4.64**	**10,293,346**	**297,668**	**459,598**	**13,291**
Ⅰ	22,351,390	35.04	1.34	2,587,413	73,836	115,739	3,303
Ⅱ	22,376,648	34.45	4.83	2,454,504	71,242	109,669	3,183
Ⅲ	22,403,665	33.99	6.71	2,606,575	76,681	116,324	3,422
Ⅳ	22,435,068	34.84	5.69	2,644,854	75,909	117,866	3,383
92年	**22,493,921**	**34.42**	**3.50**	**10,519,574**	**305,624**	**467,663**	**13,587**
Ⅰ	22,462,481	34.71	3.62	2,633,488	75,838	117,218	3,376
Ⅱ	22,478,861	34.72	-0.22	2,426,931	69,869	107,945	3,108
Ⅲ	22,495,445	34.25	4.10	2,679,163	78,189	119,076	3,475
Ⅳ	22,519,906	34.00	6.32	2,779,992	81,728	123,424	3,628
93年	**22,575,034**	**33.43**	**6.15**	**11,065,548**	**331,007**	**490,168**	**14,663**
Ⅰ	22,543,042	33.41	8.00	2,814,851	84,238	124,843	3,736
Ⅱ	22,560,302	33.38	9.23	2,618,769	78,440	116,058	3,476
Ⅲ	22,578,322	33.98	5.37	2,818,556	82,933	124,812	3,673
Ⅳ	22,601,334	32.94	2.48	2,813,372	85,396	124,455	3,778
94年	**22,652,541**	**32.18**	**4.16**	**11,454,727**	**355,958**	**505,671**	**15,714**

國民生產毛額（GNP）		平均每人 GNP		國民所得（NI）		平均每人所得	
百萬元	百萬美元	元	美元	百萬元	百萬美元	元	美元
2,971,052	94,226	131,313	4,164	2,619,348	83,071	115,768	3,671
2,729,172	86,941	120,542	3,840	2,370,351	75,510	104,693	3,335
2,941,464	91,037	129,811	4,017	2,558,227	79,175	112,898	3,494
3,103,905	92,793	136,845	4,092	2,712,480	81,088	119,588	3,575
12,201,522	**375,085**	**536,566**	**16,494**	**10,659,523**	**327,683**	**468,756**	**14,410**
3,078,175	95,272	135,572	4,196	2,717,236	84,100	119,675	3,704
2,826,754	87,871	124,384	3,866	2,454,247	76,290	107,993	3,357
3,100,107	94,604	136,277	4,158	2,697,520	82,318	118,579	3,618
3,196,486	97,338	140,333	4,274	2,790,520	84,975	122,509	3,731
12,933,890	**393,846**	**566,566**	**17,252**	**11,272,948**	**343,269**	**493,809**	**15,037**
3,222,037	97,875	141,370	4,294	2,843,005	86,361	124,740	3,789
3,005,777	90,782	131,815	3,981	2,607,410	78,750	114,345	3,454
3,307,574	100,445	144,790	4,397	2,868,856	87,121	125,583	3,813
3,398,502	104,744	148,591	4,580	2,953,677	91,037	129,141	3,981
13,421,419	**432,461**	**586,019**	**18,883**	**11,618,233**	**374,328**	**507,288**	**16,344**
3,387,066	107,424	148,058	4,696	2,970,443	94,210	129,846	4,118
3,089,144	101,483	134,934	4,433	2,660,790	87,411	116,223	3,818
3,403,489	110,110	148,572	4,807	2,922,945	94,563	127,595	4,128
3,541,720	113,444	154,455	4,947	3,064,055	98,144	133,624	4,280

	期中人口	平均匯率	經濟成長	國內生產毛額（GDP）		平均每人GDP	
	人	元／美元	%	百萬元	百萬美元	元	美元
Ⅰ	22,621,553	31.54	2.16	2,863,315	90,814	126,552	4,014
Ⅱ	22,636,620	31.40	3.11	2,659,875	84,737	117,482	3,742
Ⅲ	22,655,460	32.32	4.37	2,916,368	90,264	128,704	3,984
Ⅳ	22,677,626	33.46	6.89	3,015,169	90,143	132,933	3,974
95年	**22,740,012**	**32.53**	**4.89**	**11,889,823**	**365,503**	**522,859**	**16,073**
Ⅰ	22,699,503	32.32	5.12	2,960,681	91,639	130,398	4,036
Ⅱ	22,720,395	32.18	5.07	2,757,686	85,728	121,346	3,772
Ⅲ	22,742,929	32.78	5.34	3,052,370	93,152	134,180	4,094
Ⅳ	22,772,275	32.85	4.07	3,119,086	94,984	136,935	4,171
96年	**22,828,559**	**32.84**	**5.72**	**12,588,992**	**383,343**	**551,458**	**16,792**
Ⅰ	22,791,515	32.92	4.19	3,091,821	93,919	135,657	4,121
Ⅱ	22,802,920	33.11	5.24	2,910,147	87,893	127,622	3,854
Ⅲ	22,824,151	32.91	6.86	3,263,542	99,109	142,863	4,339
Ⅳ	22,851,055	32.43	6.50	3,323,482	102,422	145,316	4,478
97年(f)	**22,902,214**	**31.03**	**4.30**	**12,960,291**	**417,620**	**565,881**	**18,235**
Ⅰ (r)	22,876,683	31.53	6.25	3,225,985	102,315	141,016	4,472
Ⅱ (p)	22,893,798	30.44	4.32	2,968,575	97,522	129,667	4,260
Ⅲ (f)	22,907,940	30.91	3.04	3,335,551	107,912	145,607	4,711
Ⅳ (f)	22,930,435	31.22	3.75	3,430,180	109,871	149,591	4,792

相關網址：請逕至中華民國統計資訊網（www.stat.gov.tw），選取「國民所得及經濟成長」之「統計表」項下之「國民所得常用資料」。

附註：(p) 為初步統計數；(f) 為預測數。

製表：高志祥 2008/8/22

全球254個政治實體(含196個國家)人口、面積一覽表

	Country	Population	Area (sq km)
	World	6,790,062,216	total: 510.072 million land: 148.94 million water: 361.132 million note: 70.9% of the world's surface is water, 29.1% is land
1	China	1,338,612,968	9,596,960
2	India	1,166,079,217	3,287,590
3	European Union	491,582,852	4,324,782
4	United States	307,212,123	9,826,630
5	Indonesia	240,271,522	1,919,440
6	Brazil	198,739,269	8,511,965
7	Pakistan	176,242,949	803,940
8	Bangladesh	156,050,883	144,000
9	Nigeria	149,229,090	923,768
10	Russia	140,041,247	17,075,200
11	Japan	127,078,679	377,835
12	Mexico	111,211,789	1,972,550
13	Philippines	97,976,603	300,000
14	Vietnam	86,967,524	329,560
15	Ethiopia	85,237,338	1,127,127
16	Egypt	83,082,869	1,001,450
17	Germany	82,329,758	357,021
18	Turkey	76,805,524	780,580
19	Congo, Democratic Republic of the	68,692,542	2,345,410
20	Iran	66,429,284	1.648 million
21	Thailand	65,905,410	514,000

	Country	Population	Area (sq km)
22	France	64,057,792	643,427
23	United Kingdom	61,113,205	244,820
24	Italy	58,126,212	301,230
25	South Africa	49,052,489	1,219,912
26	Korea, South	48,508,972	98,480
27	Burma	48,137,741	678,500
28	Ukraine	45,700,395	603,700
29	Colombia	45,644,023	1,138,910
30	Sudan	41,087,825	2,505,810
31	Tanzania	41,048,532	945,087
32	Argentina	40,913,584	2,766,890
33	Spain	40,525,002	504,782
34	Kenya	39,002,772	582,650
35	Poland	38,482,919	312,679
36	Morocco	34,859,364	446,550
37	Algeria	34,178,188	2,381,740
38	Afghanistan	33,609,937	647,500
39	Canada	33,487,208	9,984,670
40	Uganda	32,369,558	236,040
41	Peru	29,546,963	1,285,220
42	Iraq	28,945,657	437,072
43	Saudi Arabia	28,686,633	2,149,690
44	Nepal	28,563,377	147,181
45	Uzbekistan	27,606,007	447,400
46	Venezuela	26,814,843	912,050
47	Malaysia	25,715,819	329,750

	Country	Population	Area (sq km)
48	Ghana	23,832,495	239,460
49	Yemen	23,822,783	527,970
50	Taiwan	22,974,347	35,980
51	Korea, North	22,665,345	120,540
52	Romania	22,215,421	237,500
53	Mozambique	21,669,278	801,590
54	Sri Lanka	21,324,791	65,610
55	Australia	21,262,641	7,686,850
56	Madagascar	20,653,556	587,040
57	Cote d'Ivoire	20,617,068	322,460
58	Syria	20,178,485	185,180
59	Cameroon	18,879,301	475,440
60	Netherlands	16,715,999	41,526
61	Chile	16,601,707	756,950
62	Burkina Faso	15,746,232	274,200
63	Kazakhstan	15,399,437	2,717,300
64	Niger	15,306,252	1.267 million
65	Ecuador	14,573,101	283,560
66	Cambodia	14,494,293	181,040
67	Malawi	14,268,711	118,480
68	Senegal	13,711,597	196,190
69	Guatemala	13,276,517	108,890
70	Angola	12,799,293	1,246,700
71	Mali	12,666,987	1.24 million
72	Zambia	11,862,740	752,614
73	Cuba	11,451,652	110,860
74	Zimbabwe	11,392,629	390,580
75	Greece	10,737,428	131,940

	Country	Population	Area (sq km)
76	Portugal	10,707,924	92,391
77	Tunisia	10,486,339	163,610
78	Rwanda	10,473,282	26,338
79	Belgium	10,414,336	30,528
80	Chad	10,329,208	1.284 million
81	Czech Republic	10,211,904	78,866
82	Guinea	10,057,975	245,857
83	Hungary	9,905,596	93,030
84	Somalia	9,832,017	637,657
85	Bolivia	9,775,246	1,098,580
86	Dominican Republic	9,650,054	48,730
87	Belarus	9,648,533	207,600
88	Sweden	9,059,651	449,964
89	Haiti	9,035,536	27,750
90	Burundi	8,988,091	27,830
91	Benin	8,791,832	112,620
92	Azerbaijan	8,238,672	86,600
93	Austria	8,210,281	83,870
94	Honduras	7,792,854	112,090
95	Switzerland	7,604,467	41,290
96	Serbia	7,379,339	77,474
97	Tajikistan	7,349,145	143,100
98	Israel	7,233,701	20,770
99	Bulgaria	7,204,687	110,910
100	El Salvador	7,185,218	21,040
101	Hong Kong	7,055,071	1,092
102	Paraguay	6,995,655	406,750
103	Laos	6,834,942	236,800

	Country	Population	Area (sq km)
104	Sierra Leone	6,440,053	71,740
105	Jordan	6,342,948	92,300
106	Libya	6,310,434	1,759,540
107	Papua New Guinea	6,057,263	462,840
108	Togo	6,019,877	56,785
109	Nicaragua	5,891,199	129,494
110	Eritrea	5,647,168	121,320
111	Denmark	5,500,510	43,094
112	Slovakia	5,463,046	48,845
113	Kyrgyzstan	5,431,747	198,500
114	Finland	5,250,275	338,145
115	Turkmenistan	4,884,887	488,100
116	United Arab Emirates	4,798,491	83,600
117	Norway	4,660,539	323,802
118	Singapore	4,657,542	692.7
119	Georgia	4,615,807	69,700
120	Bosnia and Herzegovina	4,613,414	51,209.20
121	Central African Republic	4,511,488	622,984
122	Croatia	4,489,409	56,542
123	Moldova	4,320,748	33,843
124	Costa Rica	4,253,877	51,100
125	New Zealand	4,213,418	268,680
126	Ireland	4,203,200	70,280
127	Lebanon	4,017,095	10,400
128	Congo, Republic of the	4,012,809	342,000
129	Puerto Rico	3,971,020	13,790
130	Albania	3,639,453	28,748
131	Lithuania	3,555,179	65,300

	Country	Population	Area (sq km)
132	Uruguay	3,494,382	176,220
133	Liberia	3,441,790	111,370
134	Oman	3,418,085	212,460
135	Panama	3,360,474	78,200
136	Mauritania	3,129,486	1,030,700
137	Mongolia	3,041,142	1,564,116
138	Armenia	2,967,004	29,743
139	Jamaica	2,825,928	10,991
140	Kuwait	2,691,158	17,820
141	West Bank	2,461,267	5,860
142	Latvia	2,231,503	64,589
143	Lesotho	2,130,819	30,355
144	Namibia	2,108,665	825,418
145	Macedonia	2,066,718	25,333
146	Slovenia	2,005,692	20,273
147	Botswana	1,990,876	600,370
148	Kosovo	1,804,838	10,887
149	Gambia, The	1,782,893	11,300
150	Gaza Strip	1,551,859	360
151	Guinea-Bissau	1,533,964	36,120
152	Gabon	1,514,993	267,667
153	Estonia	1,299,371	45,226
154	Mauritius	1,284,264	2,040
155	Trinidad and Tobago	1,229,953	5,128
156	Swaziland	1,123,913	17,363
157	Timor-Leste	1,131,612	15,007
158	Fiji	944,720	18,270
159	Qatar	833,285	11,437

	Country	Population	Area (sq km)
160	Cyprus	796,740	9,250
161	Guyana	772,298	214,970
162	Comoros	752,438	2,170
163	Bahrain	727,785	665
164	Bhutan	691,141	47,000
165	Montenegro	672,180	14,026
166	Equatorial Guinea	633,441	28,051
167	Solomon Islands	595,613	28,450
168	Macau	559,846	28.2
169	Djibouti	516,055	23,000
170	Luxembourg	491,775	2,586
171	Suriname	481,267	163,270
172	Cape Verde	429,474	4,033
173	Western Sahara	405,210	266,000
174	Malta	405,165	316
175	Maldives	396,334	300
176	Brunei	388,190	5,770
177	Bahamas, The	309,156	13,940
178	Belize	307,899	22,966
179	Iceland	306,694	103,000
180	French Polynesia	287,032	4,167
181	Barbados	284,589	431
182	New Caledonia	227,436	19,060
183	Netherlands Antilles	227,049	960
184	Mayotte	223,765	374
185	Samoa	219,998	2,944
186	Vanuatu	218,519	12,200
187	Sao Tome and Principe	212,679	1,001

	Country	Population	Area (sq km)
188	Guam	178,430	541.3
189	Saint Lucia	160,267	616
190	Tonga	120,898	748
191	Kiribati	112,850	811
192	Virgin Islands	109,825	1,910
193	Micronesia, Federated States of	107,434	702
194	Saint Vincent and the Grenadines	104,574	389
195	Aruba	103,065	193
196	Jersey	91,626	116
197	Grenada	90,739	344
198	Northern Mariana Islands	88,662	477
199	Seychelles	87,476	455
200	Antigua and Barbuda	85,632	442.6
201	Andorra	83,888	468
202	Isle of Man	76,512	572
203	Dominica	72,660	754
204	Bermuda	67,837	53.3
205	Guernsey	65,870	78
206	American Samoa	65,628	199
207	Marshall Islands	64,522	181.3
208	Greenland	57,600	2,166,086
209	Cayman Islands	49,035	262
210	Faroe Islands	48,856	1,399
211	Saint Kitts and Nevis	40,131	261
212	Liechtenstein	34,761	160
213	Monaco	32,965	1.95

	Country	Population	Area (sq km)
214	San Marino	30,324	61.2
215	Saint Martin	29,820	54.4
216	Gibraltar	28,034	6.5
217	British Virgin Islands	24,491	153
218	Turks and Caicos Islands	22,942	430
219	Palau	20,796	458
220	Akrotiri	15,700	123
221	Dhekelia	15,700	130.8
222	Wallis and Futuna	15,289	274
223	Anguilla	14,436	102
224	Nauru	14,019	21
225	Tuvalu	12,373	26
226	Cook Islands	11,870	236.7
227	Saint Helena	7,637	413
228	Saint Barthelemy	7,448	21
229	Saint Pierre and Miquelon	7,051	242
230	Montserrat	5,097	102
231	Falkland Islands (Islas Malvinas)	3,140	12,173
232	Norfolk Island	2,141	34.6
233	Svalbard	2,116	61,020
234	Tokelau	1,416	10
235	Christmas Island	1,402	135
236	Niue	1,398	260
237	Holy See (Vatican City)	826	0.44
238	Cocos (Keeling) Islands	596	14
239	Pitcairn Islands	48	47
240	Navassa Island	uninhabited	5.4

	Country	Population	Area (sq km)
241	Bouvet Island	uninhabited	49
242	Clipperton Island	uninhabited	6
243	Heard Island and McDonald Islands	uninhabited	412
244	Antarctica	no indigenous inhabitants	14 million
245	Paracel Islands	no indigenous inhabitants	NA
246	Jan Mayen	no indigenous inhabitants	377
247	Ashmore and Cartier Islands	no indigenous inhabitants	5
248	French Southern and Antarctic Lands	no indigenous inhabitants	55
249	South Georgia and the South Sandwich Islands	no indigenous inhabitants	3,903
250	Spratly Islands	no indigenous inhabitants	less than 5sq km
251	United States Pacific Island Wildlife Refuges	no indigenous inhabitants	6,959.41
252	Wake Island	no indigenous inhabitants	6.5
253	British Indian Ocean Territory	no indigenous inhabitants	54,400
254	Coral Sea Islands	no indigenous inhabitants	less than 3 sq km

1、本表係參考美國 CIA 網站 The World Fact Book 網頁製成。其中人口數多預估至 2009 年 7 月，部分島嶼雖無常住居民，惟因設有氣象站或因海防用途而有研究人員或駐軍暫住。

2、台灣中華民國的人口排名第 50，約佔全球人口的 0.35％，是世界第 16 大經濟體、第 4 大外匯儲存國。

參考書目

連橫，《台灣通史》（上、下冊），台北：中華叢書委員會，一九五五。

丁日健，《治台必告錄》，台北：台灣銀行經濟研究室，一九五九。

陳立夫，《從根救起》，台北：三民書局，一九七〇。

台灣問題研究會編寫，《台灣——過去、現在與將來》，香港：盤古出版社，一九七五。

史明，《台灣人四百年史》，台北：蓬島文化公司，一九八〇。

卡爾・薩根（Carl Sagan），石育民、周東川、林懷卿譯，《宇宙》（Cosmos），第一冊：宇宙時間之旅；第二冊：太陽系的探索；第三冊：人類與宇宙；第四冊：航向無際的宇宙，環華出版公司，一九八八。

李伯元，《官場現形記》（上、下冊），台北：世界書局，一九八三。

柴松林總編輯，《體檢美麗島》，台北：敦煌出版社，一九八六。

山崎繁樹、野上矯介，未明譯者，《1600——1930台灣史》，台北：武陵出版社，一九八八。

李喬，《台灣人的醜陋面》，台北：前衛出版社，一九八八。

劉克襄，《橫越福爾摩沙》，台北：自立晚報出版社，一九八九。

黃文雄，《台灣・國家的條件》，台北：前衛出版社，一九九〇。

柯邁政 (Marc J. Cohen)、鄧津華 (EmmaTeng) 編著，蔡百銓譯，《台灣就是台灣》（Let Taiwan Be Taiwan），台北：前衛出版社，一九九一。

殷允芃等，《發現台灣》（上、下冊），台北：天下雜誌社，一九九二。

江慕雲，《為台灣說話》，台北：稻鄉出版社，一九九二。

關中，《新台灣人》，台北：民主文教基金會，一九九二。

呂秀蓮，《重審美麗島》，台北：自立晚報出版社，一九九二。

陳銘城，《海外台獨運動四十年》，台北：自立晚報出版社，一九九二。

周樑楷等，《建立台灣的國民國家》，台北：前衛出版社，一九九三。

房龍（Hendric Willem van Loon）著，劉綠子等譯，《人類的故事》（The Story of Mankind），台北：志文出版社，一九九三。

李學忠、林秀英，《大中國》，新竹：張天然學會，一九九三。

Michael H, Hart 著，顧可維等譯，《歷史上最有影響力的一百人》（The 100: A Ranking of the Most Influential Persons in History），台北：圓神出版社，一九九四。

許信良，《新興民族》，台北：遠流出版社，一九九五。

Adrian Berry 著，王介文譯，《下一個五百年》（The Next 500 Years），台北：九儀出版社，一九九六。

宋強、張藏藏、喬邊，《中國可以說不》，台北：人間出版社，一九九六。
宋強等，《中國還是能說不》，台北：人間出版社，一九九六。
李順仁等主編，《族群的對話》，台北：常民文化公司，一九九六。
董郁玉、施濱海合編，《政治中國——面向新體制選擇的時代》，北京：今日中國出版社，一九九八。
林鐘雄，《台灣經濟經驗一百年》，台北：新學林出版公司，一九九八。
蔡森泰等主編，《土地之歌》，台北：常民文化公司，一九九八。
鄭寶清，《新第三選擇——民進黨執政與民主鞏固》，台北：柏新科技，一九九九。
韓福光、華仁、陳澄子著，張定綺譯，《李光耀治國之鑰》，台北：天下遠見，一九九九。
李筱峰，《台灣史一百件大事》（上、下冊），台北：玉山社，一九九九。
鄒景雯整理，《李登輝執政告白實錄》，台北：印刻出版公司，二〇〇一。
李遠哲，《世紀之交的台灣與世界》，台北：遠流出版社，二〇〇二。
李禎祥等編撰，《人權之路——台灣民主人權回顧》，台北：玉山社，二〇〇二。
郭景編著，《改變人類歷史的偉大發明》，台中：好讀出版，二〇〇二。
蔡學儀，《兩岸經貿之政治經濟分析》，台北：新文京開發出版公司，二〇〇三。
王詩琅，《三年小叛五年大亂——臺灣社會變遷》，台北：海峽學術出版社，二〇〇三。
丹尼・羅伊（Denny Roy）著，何振盛、杜嘉芬譯，《台灣政治史》（Taiwan : A Political History），台

北：台灣商務印書館，二〇〇四。
陳荔彤，《台灣主體論》，台北：元照出版公司，二〇〇四。
李登輝口述，《見證台灣——蔣經國總統與我》，台北：允晨文化，二〇〇四。
胡忠信，《新台灣文化》，台北：我識出版社，二〇〇五。
楊照，《十年後的台灣》，台北：印刻出版社，二〇〇五。
陳郁芳等，《創意島嶼獨想曲——二〇五〇願景台灣》，台北：遠流出版社，二〇〇五。
陳桂隸、春桃，《中國農民調查》，台北：大地出版社，二〇〇五。
陳柔縉，《台灣西方文明初體驗》，台北：麥田出版社，二〇〇五。
柏陽，《醜陋的中國人》，台北：遠流出版公司，二〇〇五。
鄧蜀生等主編，《影響世界的一百種文化》，台中：好讀出版，二〇〇五。
馬玲、李銘，《胡錦濤新傳》，台北：泰電電業，二〇〇六。
戴寶村，《台灣政治史》，台北：五南圖書出版公司，二〇〇六。
陳添壽、蔡泰山，《揭開致富面紗——台灣經濟發展史略》，台北：立得出版社，二〇〇六。
葉海煙編撰，《台灣人的精神》，台北：群策會，二〇〇六。
愷特，《台灣大未來》，台北：知青頻道出版公司，二〇〇七。
王寶貫等，《島嶼生息——台灣環境調查報告》，台北：經典雜誌出版社，二〇〇七。

張燦鍙，《台灣國家之道》，台北：前衛出版社，二〇〇七。

梅田望夫著，蔡昭儀譯，《網路巨變元年》，台北：先覺出版公司，二〇〇七。

費南德茲—阿梅斯托（Felipe Fernandez-Armesto），賴盈滿譯，《我們人類》（So You Think You're Human?），台北：左岸文化，二〇〇七。

喬治・柯爾（George H. Kerr）著，吳昱輝等譯，《面對危機的台灣》（The Taiwan Confrontation Crisis），台北：前衛出版社，二〇〇七。

彭琳淞，《馬英九這個人》，台北：草根出版公司，二〇〇七。

康原著文、許芩澤攝影，《大師的世界・台灣》，台中：晨星出版公司，二〇〇七。

邱垂正，《兩岸和平三角建構》，台北：秀威資訊科技公司，二〇〇八。

馬英九、蕭萬長對談，郭淑敏文字整理，《治國》，台北：商周出版，二〇〇八。

嚴長壽，《我所看見的未來》，台北：天下遠見，二〇〇八。

蕭萬長，《專業治國——為下一代打造台灣的太平盛世》，台北：天下遠見，二〇〇八。

艾弗瑞・克羅斯比（Crosby, Alfred W.）著，陳琦郁譯，《寫給地球人的能源史》（Children of the Sun：A History of Humanity's Unappeasable Appetite for Energy），台北：左岸文化出版，二〇〇八。

George Kerr 著，陳榮成譯，《被出賣的台灣》，陳世傑發行。

莊嘉農，《憤怒的台灣》，陳世傑發行。

附筆：以上參考書目，係依刊行先後列記；無閱讀先後之別，也沒有對內容優劣之明示或暗示。

本土與世界 OB005

論台灣及台灣人

著者　吳豐山
企劃製作　遠流視覺書編輯室
主編　黃秀慧
編輯　江侑蓮
校讀　鍾淑貞
封面設計　吉松薛爾

發行人　王榮文
出版者　遠流出版事業股份有限公司
地址　台北市 100 中正區南昌路 2 段 81 號 6 樓
郵政劃撥　0189456-1
電話　（02）2392-6899
傳真　（02）2392-6658
製版印刷　中原造像股份有限公司

ISBN（平裝）978-957-32-6508-5
售價 新台幣 290 元
初版一刷 中華民國 98 年 7 月 30 日

國家圖書館出版品預行編目資料

論台灣及台灣人／吳豐山著 — 初版 .— 臺北市：
遠流 , 2009 [民 98]
248 面；高 21 公分 . —（本土與世界；OB005）
參考書目：面
ISBN 978-957-32-6508-5（平裝）
1. 臺灣問題 2. 兩岸關係 3. 言論集
573.07　　98013248

行政院新聞局出版事業登記證局版台業字 1295 號

著作權顧問　蕭雄淋律師
法律顧問　王秀哲律師・董安丹律師

Yilb 遠流博識網
http:/www.ylib.com
E-mail: ylib@ylib.com

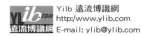